| 数字营销系列 |

直播变现

数字电商的流量法则

余来文 洪 波 苏泽尉 陆欣宇 ◎著

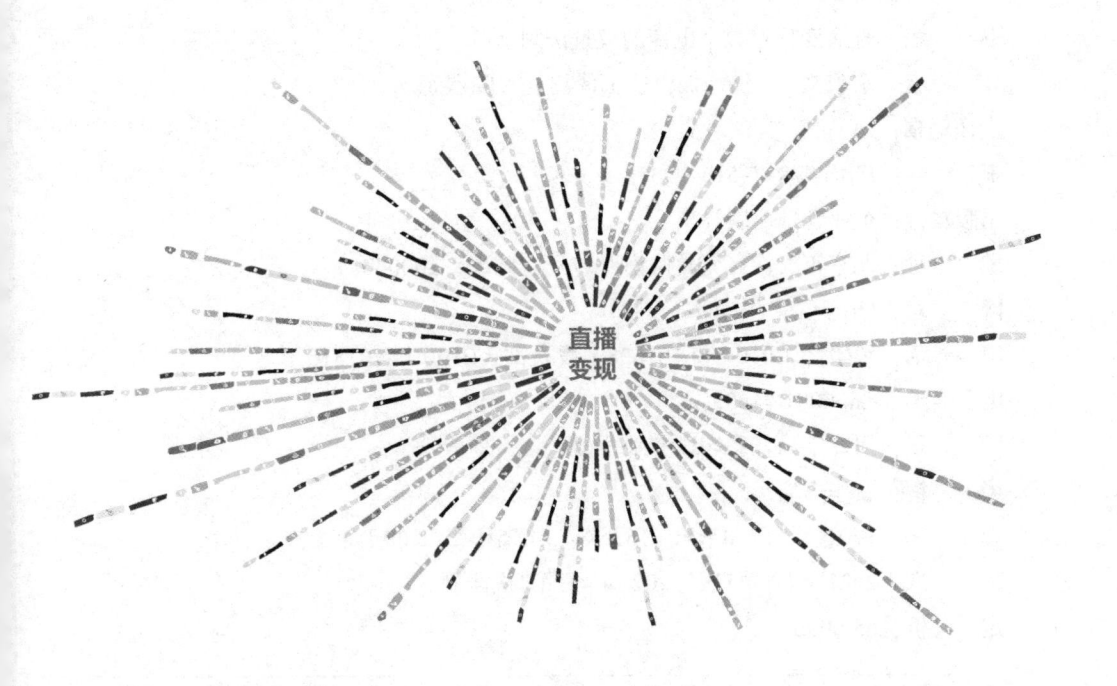

企业管理出版社
ENTERPRISE MANAGEMENT PUBLISHING HOUSE

图书在版编目（CIP）数据

直播变现：数字电商的流量法则 / 余来文等著. --北京：企业管理出版社，2021.4

ISBN 978-7-5164-2356-1

Ⅰ．①直… Ⅱ．①余… Ⅲ．①网络营销 Ⅳ．①F713.365.2

中国版本图书馆CIP数据核字（2021）第057047号

书　　名	直播变现：数字电商的流量法则
作　　者	余来文　洪　波　苏泽尉　陆欣宇
责任编辑	郑　亮　黄　爽
书　　号	ISBN 978-7-5164-2356-1
出版发行	企业管理出版社
地　　址	北京市海淀区紫竹院南路17号　邮编：100048
网　　址	http://www.emph.cn
电　　话	编辑部（010）68701638　发行部（010）68701816
电子信箱	emph001@163.com
印　　刷	河北宝昌佳彩印刷有限公司
经　　销	新华书店
规　　格	170毫米×240毫米　16开本　14.75印张　200千字
版　　次	2021年4月第1版　2021年4月第1次印刷
定　　价	65.00元

版权所有　翻印必究·　印装有误　负责调换

前言

随着移动互联网和数字电商的快速发展、用户体验需求迭代,越来越多人踏进了直播变现的时代。直播的潜力巨大,从它的产生、加速蜕变到火爆,只经历了短短几年时间。

2021年元月的数据显示,2020年有超2000万场次的电商直播,主播有明星、企业负责人、各行各业的斜杠主播等。以抖音、快手为代表的内容平台,以微信为代表的社交平台纷纷入局,引起各圈层消费者的关注,资本和供应链也向直播行业聚拢,电商直播产业链迅速建立。电商直播创造的互动式消费场景,提升了购买效率,也提升了消费者的购物体验。直播消费者也逐步从追求低价过渡为追求品质。

回归商业本源,虽然很多人开始逐步关注甚至追逐直播,但是他们对直播所代表的数字电商,以及数字电商营销里面的网红经济打造、用户体验运营、社群营销开发的底层逻辑还并不了解,导致整个行业里面沉下心来获取长期价值的人少之又少。

本书主要从三部分讲解直播变现的"修炼提升":一是网红经济,即IP塑造、网红的粉丝运营等基础知识;二是用户体验,也就是如何让消费者愿意跟着你,并消费你推荐的产品;三是社群运营,主要介绍社群经济和社群运营的方法。掌握了这三个部分的"修炼提升",就能让读者快速抓住数字化时代带给自己的发展契机。因此,本书的读者是对直播商业知识、流量有效变现及长期价值感兴趣的人。而作者能够提供的价值主要有以下几点。

一是更接地气：用更多、更新的实例诠释里面所有的知识点内容。

二是更重变现：紧扣直播创业者、运营者的痛点和难点，从行业专家的角度出发，既有高度，又有实战。

三是方向更稳：紧跟直播潮流热点，从各种平台的发展模式上寻找行业的共同发展契合点，从而为自己未来的商业模式寻找机会，减少失败的概率。

在写作过程中，感谢周雯珺、黄金萍、罗地珍、何婉诗、王佳妮、宫河阳、幸毓、刘芮嘉等同学参与本书相关章节的资料整理工作。特别需要说明的是，本书学习、借鉴、吸收和参考了国内外众多专家学者的研究成果及大量相关文献资料，引用了一些书籍、报刊、网站的部分数据和资料内容，并尽可能地在参考文献中列出，也有部分内容由于时间紧迫，未能与有关作者一一联系，敬请见谅，在此，对这些成果的作者深表谢意。限于作者的学识水平，书中难免有疏漏，敬请广大读者批评指正，使本书将来的再版能够锦上添花。如您希望与作者进行沟通、交流，扬长补短，发表您的意见，请与我们联系。

联系方式：eleven9995@sina.com。

2021年3月1日

目 录

第一章　数字营销 1

第一节　数字营销的概述 4
　　一、数字营销的定义 5
　　二、数字营销的发展历程 6
　　三、数字营销的价值 12

第二节　数字营销方案 14
　　一、社会化营销 14
　　二、移动营销 18
　　三、短视频营销 22
　　四、电子商务营销 26

第三节　互联网时代的数字营销 31
　　一、网红经济助力企业弯道超车 32
　　二、用户体验——企业增长的基石 38
　　三、社群运营——小福利大回报 41
　　四、长期价值——品牌重塑的机会 44

本章小结 49

第二章　网红经济 51

第一节　网红经济的崛起与发展 56
　　一、网红与其运作模式 57

二、网红经济市场红利 59
　　三、网红经济的可持续发展 65
第二节　网红的粉丝运营 69
　　一、碎片化整合效应 70
　　二、参与感及设计 72
　　三、1000个忠粉原理 76
　　四、个性化提升成就感 78
第三节　网红社交资产变现 80
　　一、"网红+电商"变现模式 80
　　二、"网红+视频"变现模式 83
　　三、"网红+社交"变现模式 84
　　四、"网红+IP衍生品"变现模式 84
本章小结 87

第三章　用户体验 89
第一节　认识用户体验 93
　　一、用户体验的重要性 94
　　二、用户体验三要素 99
　　三、用户场景体验 100
第二节　用户体验的产品目标 104
　　一、商业目标 105
　　二、品牌识别 106
　　三、成功标准 108
第三节　用户体验的用户需求 109
　　一、用户细分 110
　　二、可用性及用户研究 112

三、创建人物角色 113
第四节　用户消费体验模式 116
　　一、消费场景+数据算法 117
　　二、消费场景+会员社群 117
　　三、数据算法+会员社群 120
　　四、消费场景+数据算法+会员社群 123
本章小结 130

第四章　社群运营 131
第一节　社群的产生与发展 135
　　一、互联网社群的形成 135
　　二、移动互联网引爆社群 137
　　三、社交工具推动社群式发展 139
第二节　社群经济解构 144
　　一、社群的分类 144
　　二、社群经济的商业形态 146
　　三、社群经济的人本主义 152
第三节　社群营销的运营 156
　　一、聚合粉丝 156
　　二、粉丝参与 159
　　三、线上线下联动 161
　　四、打造核心社群 164
　　五、沉淀社群文化 165
第四节　社群运营内容 166
　　一、讲好内容 167
　　二、提高黏度 170

三、如何输出好内容 171

本章小结 176

第五章　长期价值 177

第一节　消费者主权时代变迁 184
一、流量单价逐步上升，引流难度越来越大 185
二、消费者信任机制单向变立体 187
三、互联网影响下的行业生态改变 189

第二节　企业数字化改革升级 190
一、数字化改革赋能企业新动能 191
二、建立数字化中台 194
三、企业完成"大船掉头"营销变革 198

第三节　数字营销的价值发展 199
一、人工智能：优化与效率 199
二、云计算：平台与共享 202
三、区块链：透明与信任 203
四、物联网：触媒与精准 207

本章小结 212

参考文献 213

第一章
数字营销

人们利用时间的方式，正从有明确目的、追求效率的搜索模式，逐渐转向没有目的的、非搜索的社交与娱乐模式。

——拼多多创始人　黄峥

近年来，数字营销的平台不断变化，接口不断丰富，商业化的步伐不断加快。图片社交、即时社交等领域变化无处不在。当然，这仅是数字营销领域的一个分支，除此之外，视频、DSP（需求方平台）、DMP（数据管理平台）等多个领域也在发生着变化。随着国际化和科技进步不断加快，VR（虚拟现实）、AI（人工智能）、物联网、语音技术等新兴技术和工具不断涌现。这些新兴技术及工具的应用也使得当前的"营销"趋于"数字化"。很多企业为了实现销售目标，皆选择加推数字化营销系统武装全员，实现全民营销。

开章案例

天猫超级品牌日打造营销新玩法

天猫是阿里巴巴集团下属的专业线上综合购物平台，也是全球消费者的购物之城。天猫在打造超级品牌日上不遗余力，从它的商业模式里面可以看到以下优点。

第一，开拓营销新玩法。天猫超级品牌日根据过往超级品牌日的销售表现及消费者的喜爱程度，精选了100个天猫超级品牌的100款超级单品，对消费者极具冲击力。在营销上，天猫超级品牌日开启了新式营销战略，集结百大天猫超级品牌，以"超级大牌，挺你所想"为主题，让消费者把2020年错过的精彩货品、精彩权益、精彩营销活动一次性全部找回。除了主视频及海报外，在B站、微博、抖音等社交媒体平台，天猫超级品牌日也以独特的营销手段、创新的营销方式，携手百大超级品牌，与消费者在情感上完成了一次品牌层面的沟通。以全新的玩法重塑自身价值，建立与消费者之间的沟通连接，不断焕发新生，与消费者实现互利共赢。

第二，品效合一促增长。在天猫内部，"品"指的是品牌建设，"效"指的是销量。如果一个品牌跟天猫做完天猫超级品牌日之后，品牌的百度、微博指数达到近半年最高值，当日线上销量实现除"双11"之外的全年最高点，则可以被称作达到品效合一的境界。在天猫超级品牌日中，绝大多数品牌能得偿所愿。

第三，专业+精准。天猫品牌营销中心是一个横向的团队，每年有100多个的超品项目要落地，还要切入到纵深的行业中。天猫超级品牌日改变了以往广告不能精准投放的情况。每一次品牌营销事件的策划、发生和影响，都能够以天猫的数据洞察为依据，也可以用数据分析精准评估影响。

　　总之，对于消费者，天猫超级品牌日通过集结天猫乃至阿里巴巴的生态力量，精准定位品牌消费群体，带来了全新的购物体验。同时，品牌通过天猫大数据强化品牌数字化营销能力，凭借一次集中双方优势资源、充满仪式感的超级时刻，以前所未有的能量触达和连接用户，从而带来声望和销量的双重爆发。此次天猫超级品牌日"双11"专场的首秀，品牌精选最能代表品牌力的单品，再结合天猫超级品牌日在数字创新领域的营销表达，让品牌在"双11"期间获得了一个与消费者沟通的绝佳舞台。一直助力品牌实现跨越式增长的天猫超级品牌日，无疑将是后疫情时代品牌实现营销突围的关键之战。

第一节　数字营销的概述

　　数字营销是数字经济时代的产物，是传统的市场营销和网络营销的演变。数字营销的本质是实现营销精准化，营销效果可量化。它不是一套空洞的理论，而是一套系统，是通过技术赋能，并深入企业业务场景的一整套营销体系。在数字营销的发展历程里我们能够清晰地看到数字营销的价值，从而满足消费者的价值，获得更好、更长远的发展阶梯。

一、数字营销的定义

数字营销是借助于互联网、电脑通信技术和数字交互式媒体来实现营销目标的一种营销方式，其特点有6个，分别是集成性、个性化服务、更丰富的产品信息、更大的选择空间、更低廉的成本优势及更灵活的市场，具体6个特点详细说明如下。

1. 集成性

实现了前台与后台的紧密集成，这种集成是快速响应客户个性化需求的基础。可实现由商品信息至收款、售后服务一气呵成，因此也是一种全程的营销渠道。

2. 个性化服务

数字营销按照客户的需要提供个性化的产品，还可跟踪每个客户的消费习惯和爱好，推荐相关产品。网络上的促销是一种低成本与人性化的营销方式。

3. 更丰富的产品信息

互联网可以提供当前产品详尽的规格、技术指标、保修信息、使用方法等，甚至对常见的问题提供解答。用户可以方便地通过互联网查找产品、价格、品牌等。

4. 更大的选择空间

数字营销将不受货架和库存的限制，提供巨大的产品展示和销售的舞台，给客户提供几乎无限的选择空间。

5. 更低廉的成本优势

在网上发布信息，代价有限，将产品直接向消费者推销，可缩减分销环节。发布的信息谁都可以自由地索取，可拓宽销售范围，这样可以节省促销费用，从而降低成本，使产品具有价格竞争力。前来访问的大多是对此类产品感兴趣的客户，受众准确，避免了许多无用的信息传递，也可节省费用。

6. 更灵活的市场

营销产品的种类、价格和营销手段等可根据客户的需求、竞争环境或库存情况及时调整。网络能超越时空限制与多媒体声光功能范畴，正可发挥行销人员的创新专长。

数字营销还具备多媒体、跨时空、交互式、拟人化、超前性、高效性、经济性等特点。由于利用了数字产品的各种属性，数字营销在改造传统营销手段的基础上，增加了许多新的特质。

二、数字营销的发展历程

从2010年至2019年，中国数字营销十年的演变史，本质就是移动互联网高速发展的十年。2009年，中国发放了3G运营牌照，十年后，5G时代已经到来。十年的时间，我们从"上网"还意味着一个特定的举动，进化到如今被移动设备到处所围绕，移动技术和设备的大发展推动了数字营销的演变。

1. 2009—2010年：社会化营销与视频营销兴起

2009年，是社会化营销元年；同样，2009年，微博开始试水，并在2010年迅速蹿红，掀起了社会化营销的篇章。一夜之间全国人民开始在电脑前或手机上用微博来表达自己的想法，同时，也催生出一个新词汇——"上墙"，如何通过微博打造影响力，如何通过社交媒体制造事件，成为这一年度的热点。同时，网络视频网站开始全面发展升级，广告商开始进一步接受视频网站的营销模式。

2. 2011—2012年：移动互联网营销启幕

2011年，移动互联网进入大众视野。截至2011年12月底，中国网民规模达到5.13亿人，其中手机网民规模达到3.56亿人，同比增长17.5%，手机网民增长迅速，这也意味着移动互联网时代的来临。同年，微信等社交APP纷纷面世，移动互联网因为智能手机产业的发展及各类社交应用而崛起；同时，2012年被称为"程序化元年"。与传统媒体购买方式相比，程序化购买通过对海量数据的分析利用，可以根据对广告效果的预测来推导出相对准确的预算方案，有助于帮助广告主做出更好的预算决策。

3. 2013—2014年：数字营销的转型与突破

2013年，数字营销继续"蓬勃发展"，开始了多方面的广泛尝试，电商营销、多元社交互动等传播，大大丰富了互联网数字营销的传播形式。微信官方开始大力提倡企业微信公众账号服务，进一步拓宽了社会化营销的平台，与微博等形成多极化的社交媒体营销格局。4G通信使中国进入高速无线上网时代，进一步带来了移动营销的飞跃。《奇葩说》开创了"花式口播"的植入类型。微信与央视春晚合作，开创春晚抢红包先河，社会化营销走上了"微博+微信"的双微并行之路。

4. 2016—2017年：AI、直播与网红经济

2016年，人工智能、网络直播、内容创业成为热门风口。伴随着AlphaGo以总比分4比1战胜李世石，掀起了全球范围内对人工智能技术的深度讨论，阿里巴巴等互联网巨头企业纷纷入局人工智能，阿里巴巴推出"千人千面"的智能分发算法，助推电商网站广告逆袭。另外，直播行业能量爆发，仅papi酱个人直播处女秀在"一直播"平台上获近1亿点赞量，"网红经济"由此开始。以网络直播、短视频为代表的新技术媒介，让自媒体及内容营销进入了新的赛道，品牌数字营销内容趋向于原生化趋势。

5. 2018—2019年：短视频、智能营销的角逐

2018年，短视频已经成为一种互联网生活方式，"双微一抖"成为

数字营销新标配。同时，Martech成为技术解决营销场景的突破点，AI赋能营销成为新宠，在人工智能的基础上，各个互联网平台都在围绕技术展开"智能营销"的角逐，正在改变数字营销的格局。进入2019年，站在新技术驱动营销的时代，日益纷繁复杂的媒介环境和难以捕捉的多样化消费场景下，如何能够形成创意原点和技术界面相互融合的有机体，是数字营销发展10年来整个业界一直在不断探索的问题。

数字营销专栏1

B站怎么玩数字营销

哔哩哔哩，简称B站，现在是中国年轻世代高度聚集的文化社区和视频平台。早期来B站的网民主要是被不加广告的海量番剧所吸引，伴随内容向音乐、舞蹈、游戏、番剧、科技、生活、娱乐、时尚等15个分区延伸，B站在"二次元文化自留地"的身份下，转变衍生出7000多个文化圈层的泛文化社区。

关于B站利用数字营销玩转二次元文化社区，有4个主要模式路径。

1. 聚焦Z世代，早期主打二次元社区文化

Z世代是伴随着动漫文化而成长起来的，作为一种典型的青年亚文化，随着青少年群体成长也慢慢进入了主流。但是在早期，花上千万元的带宽成本为UP主打造创作平台，而且又定位在二次元文化这种小众领

域，显然在当时来看是一件不划算的事。

除此以外，不加广告的优势让很多人对B站心向往之；同时，100道测试题谨慎地筛选出符合文化共识的同类，有效把控着社区生态的增长速度。据统计，正式会员（答对60题以上）第12个月留存率达80%，所以新用户不仅不会破坏社区原有的氛围，对社区还有更高的依赖感和忠诚度。

2. 社区氛围搭建，鼓励内容创造者

B站的用户体验是带有情感联结的垂直化社区网站，在B站总会找到你想要的内容。这份良性的、纯粹的弹幕文化并非一朝一夕习得，而是来自B站长期沉淀的社区土壤和内容生态。

B站对用户重视和对UP主宠爱。2018年携8名UP主共赴纳斯达克参与敲钟仪式，推出"激励计划"完善创作者生态等。B站不仅做到充分尊重用户，更为优秀创作者搭建了一个能够施展才华的舞台。

另外，相比其他视频平台，UP主的视频体验更好，内容信息量更密集。兴趣和热爱驱使很多人不计时间、不求回报地来创作，一条3~5分钟的短片，二次创作需要选曲、搜集伴奏、填词、扒谱、调音、混音、压制等流程，最快也要10天才能打磨完成。UP主的优质创作是B站保持高用户黏性的正循环，一方面产出好内容，另一方面让创作者产生成就感。

3. 弹幕功能增加了社交与趣味性

B站最大的特色是悬浮于视频上方的实时评论功能，即弹幕。这让B站拥有更深一层的社交基因，超越视频内容本身的趣味。比如对那些定位受众35岁以上的人文、历史、地理类纪录片来说，以真实生活为底色、

内容和风格略显严肃的纪录作品，经过弹幕文化的发酵，增添了观看过程的互动性和趣味性。

不仅如此，弹幕还是年轻人之间沟通和交友的纽带。一条不经意间的弹幕就能激发千万人讨论，产生一场互动；也会有一条弹幕让人引发共鸣，在屏幕前热泪盈眶；或者只因一句话便结识了一个拥有共同爱好和价值观的朋友，彼此治愈。比如B站UP主在聊到B站特点时也会感叹，B站不仅带来了创作收益，更多的弹幕方带来的及时正反馈，激励着自己的创作。

4. 内容始终聚焦于用户兴趣

B站有个传统，当一个二级分类的内容流量达到一定程度，就会为其开辟独立分区，数码和纪录片就是从科技区拆分出来的，现在的生活、游戏、音乐、舞蹈、数码、时尚、国创等20种分区，都是在ACG（动画、漫画、游戏的总称）基础上不断演化而来。

当用户表现出其他兴趣爱好的时候，就逐渐产生了新的内容，自然形成丰富的兴趣圈层。围绕不同的兴趣圈层对用户进行服务，现在B站兴趣圈层的量达到了7000多个，基本满足了用户多样兴趣爱好的内容需求。B站在公开数据中表示累计内容标签超过1亿个。

总之，在数字化营销方式上，企业需要基于用户喜好融入其话语体系当中，在内容上找到用户共鸣点，满足圈层用户的文化需求。通过一些圈层化的信息传递或体验互动，进行精准化营销，从而触达有价值的年轻目标用户，让年轻人为品牌年轻化赋能。在洞察年轻人需求的同时，企业也需要通过数据分析，站在年轻人的角度为他们提供更有价值的服务与体验，只有这样，企业才能把握住Z世代的趋势与变化，从而帮助企业提高业绩。

三、数字营销的价值

1. 商业模式和业务模式的重新制订

实现数字化营销，就必定要重新观察整个商业模式，并清楚价值新前沿在哪里。数字化营销在一定层面上意味着跟随客户体验变化的过程，熟知业务内外和行业内外客户的行为变化，这对企业来说至关重要。当然客户其实已经在变化，只是企业本身有的反应慢，有的反应快。另外，数字化以后每个行业、每个企业的商业模式也是不一样的，这里尤其需要重视，不是跟风，而是找到数字化以后适合自己的商业模式和业务模式。

2. 以用户为中心抓住用户核心需求

思考如何运用数字化的优势，为客户提供更适合的服务和产品，只有抓住用户需求，才有机会让客户持续产生交易，使企业与客户之间关系更加紧密连接，进一步提升企业品牌和商业价值。如何抓住用户需求，取决于你对客户有多了解，想要了解用户，就要不断地对用户行为记录，对用户进行完整的画像，才能越来越了解客户，而这只有数字化以后才能实现，现在的传统营销模式，可能都不一定知道用户是谁。

3. 企业"新基建"的部署

首先，思维模式要转变，我们思考的不只是当下，更多的是未来。数字化营销的实现需要依托数据快速制订出正确明智的决策，如战略、方向、产品、服务、组织等，而这一切依托于企业数字化平台的搭建，这也是企业"新基建"的主要建设项目之一。

其次，只有平台搭建完成所有业务和流程，通过数字化逐步地留下痕迹，不断发现问题、分析问题、解决问题，才能不断地优化流程，从而实现智能化，这也是数字化营销的最大价值。不管是营销增长还是企业经营上的降本增效，数字化才是企业当下必须建设的重点项目，营销数字化更是企业可持续增长的未来。

最后，加推独立研发的数字化营销系统，致力于提升企业里每个人的推广能力。当企业将这套系统装备到员工手机里，它会成为每个人对外推广的智能助手，自动生成每个人的名片、宣传册、案例库、文件夹等展示物料，不断推送文章、海报、视频、直播等传播物料，替代传播推广的同时，让每个人每次对外商业行为都可以变得更简单、被赋能、易成交、可追踪、被统计。无论是新员工还是顾客，都可以瞬间被武装成为企业的推广员，裂变式传播产品价值。当全员推广效率不断提升，企业的销售和品牌影响力就会呈指数级增长。

第二节 数字营销方案

随着互联网的发展，数字营销在实现过程中有四种选择方案，分别是社会化营销、移动营销、短视频营销和电子商务营销。数字电商作为现阶段发展的重点，它本身会给社会化营销、移动营销及短视频营销带来落地变现的效果。企业要根据自己的需要选择营销方案，精准营销，帮助企业高效实现营销目标。

一、社会化营销

1. 社会化营销的理论基础——4R理论

4R理论由艾略特·艾登伯格（2001）提出，是以关系营销为核心，关注企业与用户的长期发展，建立消费者稳定的忠诚度。4R理论的要素如表1-1所示。

表1-1　4R理论的要素

名称	内容
Relevance（关联）	强调企业与消费者之间应保持一种关联和联系以加强用户的忠诚度和信任感
Reaction（反应）	能够及时把握市场新风向，及时对营销策略进行优化，更要注重消费者的反馈，以消费者需求为导向调整策略，最大限度地满足消费者的多样化需求，可以借鉴行业的营销活动的变化，但不要一味地盲目跟从

续表

名称	内容
Relationship（关系）	企业应该牢牢把握与消费者之间的关系，通过多种方式增加用户黏性。结合社会化营销的特点，要达到这种营销目的，企业一方面应该注重与用户之间的关系；另一方面，调动消费者人与人之间的社交关系，实现企业与用户长效稳定的关系
Reward（回报）	一方面企业应该充分考量具体的营销活动是否能够为企业带来价值；另一方面也要从用户角度考虑，适度对消费者进行阶段性的短期"回报"，增加消费者的忠诚度和信任感，企业得到消费者长期的"回报"

2. 社会化营销的定义

社会化营销是指基于社会化媒体而产生的一系列营销活动。社会化媒体区别于传统媒体（广播、电视、报纸、杂志），它根植于互联网技术的实现和发展，注重用户在其中的反馈和交互感，进而产生主动分享，促成二级传播的一种新型媒体。

社会化营销主要是指在社会化媒体中，对公司品牌、产品或服务进行有针对性的网络推广，实现品牌知名度的建立，从而促进产品销售的过程。

3. 企业社会化媒体营销的模型

企业社会化媒体营销就是企业借助社会化媒体开展营销活动的过程。那么企业该如何运用这些社会化媒体，其内在机理是什么样的呢？

企业开展社会化媒体营销的前提条件是话题和推送内容，然后通过社会媒体（微博、QQ空间、微信、论坛）这一中介条件将相关信息传递给用户、目标消费者、粉丝和意见领袖。另外，创新、活动及资源配备对于提高用户参与和促进用户生成内容具有正向的调节作用。

4. 企业社会化媒体营销的策略

以企业社会化媒体营销模型为基础，本书提出了企业社会化媒体营销的策略，分别是精准营销策略、市场细分策略、口碑营销策略、用户参与策略和整合营销策略。

第一，精准营销策略。无论消费者是通过何种社会化媒体将企业的信息或者自身的体验进行扩散，都说明这一部分顾客对于产品或服务的满意度高，对企业的认可度高。

采用该策略时，企业应重视如下两点。

首先，提升推送信息的质量。对消费者而言，信息质量的高低完全取决于其能否满足自己的需求，即与自身需求的相关度越高，信息质量也就越高。

其次，提高推送信息的打开率。在保证推送信息质量的前提下，企业还应考虑信息的打开率，即点击、阅读的情况。

第二，市场细分策略。企业在进行社会化媒体营销前，需要确定营销目的，明确目标消费群体，这样才能选择更加适合的社会化媒体。因此，企业在采用这一策略时，首先要锁定目标消费群体；其次，需对其进行全面分析，重点研究他们对于信息需求的特点，如获取频率、内容多少、版面风格等；最后，再据此选择相应的社会化媒体，只有这样才能引起他们的注意，使他们产生兴趣，为今后的用户参与奠定坚实的基础。

第三，口碑营销策略。就社会化媒体而言，在影响其信息传播效果的众多因素中，信息的黏性是最为重要的因素之一。口碑营销是企业通过各种有效手段，引发顾客对企业的产品、服务和整体形象等内容的谈论及交流，并鼓励消费者对其周边人群进行介绍及推荐的市场营销方式和过程。

在口碑营销策略中，有一点特别需要引起企业的重视，即意见领袖。在传播学中，意见领袖是一个十分经典的概念，其对于信息的传达起着非常重要的作用。

第四，用户参与策略。用户参与策略的核心是要提高用户参与的热情。企业在实施过程中，需特别注意如下几点。

首先，要给用户提供一个方便的平台，让顾客可以轻松找到并且简单、迅速地与企业进行沟通、分享，如开辟"用户留言""一键分享"等功能。

其次，重视与消费者的互动，设计娱乐性强、互动性强的话题或者活动并辅以一定的资源投入并鼓励顾客进行传播、分享。

最后，注重用户体验。无论是消费者自发体验，还是企业人为地通过制造事件、举办活动或者发布广告而制造的体验都必须注重用户的体验，满足他们的需求，契合他们的心理。

第五，整合营销策略。有条件的企业可考虑将其与其他资源结合起来，进行整合以形成一套完善的体系。

首先，构筑以用户生成媒体（UGM）和用户生成内容（UGC）为核心资源的生态系统商业模式。社会化媒体的本质在于用户生成媒体和用户生成内容，这就要求企业与消费者实现瞬时互动与深度沟通。

其次，创新以协同为基础的关键业务和流程。互联网时代的电子商务特征表明，企业社会化媒体营销的主体、资源、结构、价值、边界网络等要素都在持续的动态演化和重新构建，如何以协同效应最大化为目标，优化社会化媒体营销的关键业务和流程，成为企业获取竞争优势的动力源泉。

再次，构建精准的社会化媒体客户关系管理（SCRM）系统。传统的客户关系管理（CRM）数据主要来自客户、产品、交易等结构化的数据，对客户的行为、状态、社交圈等非结构化数据不能动态地实时挖掘和处理，很难精准预判和准确定位消费者的潜在需求。在大数据时代，企业必须对客户的非结构化数据进行储存和处理，实现从有效触动一个人到影响一群人。

最后，培育具有团队精神和全员意识的企业文化。社会化媒体营销需要企业在组织架构方面进行创新，建立跨部门的社会化媒体运营团队和社会化媒体的代言人，深化企业部门和员工对社会化媒体营销协作文化的认同；同时倡导与各主体建立合作共赢的文化。

二、移动营销

1. 移动营销的定义

移动营销（Mobile Marketing）指面向移动终端（手机或平板电脑）

用户，在移动终端上直接向分众目标受众定向和精准地传递个性化即时信息，通过与消费者的信息互动达到市场营销目标的行为。

2. 移动营销的模式

移动营销的模式，可以用"4I模型"来概括，即Individual Identification（分众识别）、Instant Message（即时信息）、Interactive Communication（互动沟通）和I（我的个性化）。移动营销的模式如表1-2所示。

表1-2　移动营销的模式

名称	内容
Individual Identification（分众识别）	能与消费者建立确切的互动关系，能够确认消费者是谁、在哪里等问题
Instant Message（即时信息）	移动营销传递信息的即时性，当企业对消费者的消费习惯有所觉察时，可以在消费者最有可能产生购买行为的时间发布产品信息
Interactive Communication（互动沟通）	可以甄别关系营销的深度和层次，针对不同需求识别出不同的分众
I（我的个性化）	移动营销也具有强烈的个性化色彩，所传递的信息也具有鲜明的个性化

3. 移动营销的特点

第一，消费者对移动营销控制力更强，自主确定是否接受移动营销。与传统网络营销信息推送不同的是，消费者可以主动地确定是否接受移动营销信息，一旦确定采纳移动营销信息，消费者的主动性会加强，更乐于接受企业的促销信息。

第二，移动营销具有良好的互动性，更精准。在企业与消费者的互动过程中，移动营销可以通过手机、微信、微博等新型沟通手段第一时间把营销信息送达客户的面前，能够实现与客户随时随地的沟通。另外，企业还可以建立大数据平台，对每个消费者信息进行业务画像，通过大数据分析消费者个人喜好，并根据消费者个人的特点推送定制化的营销信息。

第三，移动营销具有高度的信息融合性。移动智能终端的快速发展使得移动营销可以将企业的营销信息通过声音、图像、视频、文字等组合的方式传递给客户。

第四，移动营销更经济、更高效。移动营销可以以更低的成本营销，避免大量的营销材料印刷、投递、人工等费用投入，效率更高。

4. 移动营销的策略分析

第一，内容为王，精准对接消费者价值观。消费者购买的不是产品而是产品的价值观，只有当产品的价值观高度契合消费者的价值观，交易才更容易达成，所以企业在生产内容之前，要进行深度的市场调研，明确目标客户的价值观，并进行相关的互动交流，从而为内容的生产奠定坚实的基础。

第二，体验为主，建立个人专属体验机制。基于大数据和"互联网+"打造个人专属的体验机制，即根据消费者在注册平台时的基本信息，比如性别、年龄、籍贯、学历、工作等各种信息并结合以往的消费习惯进行数据挖掘，并基于此建立数据运行检测程序，一旦有消费者访问某项产品，就会生成一个基于消费者个体信息的消费者模拟模型试用相关产品，并且消费者可以改变相关参数来观察产品的试用情况，从而满足消费者的体验需求。

第三，服务为本，构建智能服务网络系统。服务是链接产品与消费者的重要桥梁，在市场营销的过程中，服务的重要作用不可忽视。在移动互联网背景下，服务也出现了程式化、低效化、不及时等一系列问题，但是也出现了新的发展机遇。构建智能服务网络系统能够有效地解决相关问题。

第四，质量为根，完善质量评价检测体系。产生产品质量问题的一个重要原因就是缺乏完整的质量评价检测体系，要建立评估—标准—检查—剔除的评价体系，在商家入驻平台之前要评估商家的相关资质，在商家入驻平台之后要制订相关的日常服务及产品标准，并将标准执行的情况数据化，由系统自行全天候检测，对于不符合标准的商家记入负面清单，一旦达到某种程度就从平台剔除，以确保平台的质量与信誉。

三、短视频营销

1. 短视频营销的相关概念

短视频是一种更为新潮的体验模式，时长一般在几秒到几分钟不等，可以在各类新媒体平台上传播，更适合在移动状态下及短时间内观看，有着推送频次高、便于传播等特点。

快手、抖音、腾讯微视等短视频类应用称霸市场后，随之而来就出现了一个新的营销概念——短视频营销。其主要是在短视频平台上植入各种广告宣传，依托强大的技术支撑，搭建了一条企业与用户之间的快车道，拓宽了商品信息的展示形式，也加快了商品信息的传播。

2. 短视频营销的特点

第一，移动客户端传播。从网页版到手机版，从竞相发展到资源整合，目前，短视频类应用软件在移动互联网技术的强大加持下，APP已经成为其传播的主要阵地，且这类APP操作极为简单，指尖轻轻滑动就能刷新页面，单击屏幕就能为自己喜欢的视频或作者点赞。

第二，内容生产简易化。目前，短视频应用软件的拍摄、制作功能已经达到专业设备的水准，通过此类软件基本可以实现分镜头录制功能，也可植入缩放、AR（增强现实）、裂变等特效，在后续的剪辑过程中还可以自主选择背景音乐。简单的可操作性及多层次的体验感，让消费者更容易接受短视频，且乐于参与到创作过程中来。

第三，碎片化传播。跟传统的视频形式相比，短视频的时长更短，一般在几秒到几分钟之间，这种视频录制跟观看都更为便捷且移动性较强，基本上随手一拍就能成为段子发布到网上进行分享，内容上也更为丰富、更贴近生活。

第四，分享社交化，见效快。随着国产智能手机技术的突破，智能手机使用率连续增高，短视频领域的竞争愈演愈烈，视频社交也逐渐成为人们生活的一个重要部分。快手等APP可以使用微信、QQ等社交软件同账号登录，不管是视频作者还是用户都能轻松使用，甚至可以做到一键分享，更加方便短视频的多次转播。

数字营销专栏2

抖音短视频营销抢滩

抖音是一款专注于年轻人的可以拍摄60秒以内视频的音乐创意类短视频社交软件。抖音的商业模式具备很强的营销能力，具体包括四个方面。

1. 平台开放性：众筹与品牌相关的创意短视频广告

技术赋能泛化了短视频生产主体，抖音自上线以来给予的媒体定位就是面向互联网大众、帮助用户表达自我、记录美好生活的短视频分享平台，鼓励用户在平台上自主生产内容。

用户可以利用抖音自带的拍摄、剪辑、特效和背景音乐配置等功能完成一条视频的制作,这种开放性使得任何用户都可以自主生产内容,变成品牌方的发声器。

从目前来看,抖音上短视频营销广告包含了三种形式:第一种是用户自主拍摄与品牌相关的短视频,即用户生成短视频广告,用户主动参与的原因主要是参加品牌方发起的话题挑战赛;第二种是品牌方找到网络红人合作,通过他们发布产品植入的短视频;第三种是品牌方自行拍摄的短视频广告,这类广告以展现产品为主,品牌方和用户及时互动获取信息反馈。

2. 海量音乐库:增强短视频广告趣味性和丰富性

据《2019抖音数据报告》显示,截至2020年1月5日,抖音日活跃用户数已经突破4亿个。作为一款以音乐为基础的媒介,抖音有海量音乐库供用户选择以增加视频趣味性,全屏的视觉化音乐传播形式,直接给用户带来强烈的视听冲击,使用户快速沉浸在短视频赋予的情景中。

虽然歌曲不是在抖音首发,但是经过抖音上的一些音乐人翻唱后取得了惊人的传播效果。音乐作为情感资源,其所承载的情绪、信息、活力、情景等内容容易引起用户的情感共鸣,品牌方通过与短视频互构、人与音乐际遇、音乐与环境建立联系而渲染一种传播氛围,营造情感传播的空间,为用户进入空间被情感打动奠定基础。

3. 互动及时性:品牌方与消费者无时不在的互动

任何媒介场景都需要受众进入,传播的意义才能成立。在抖音上用户能通过点赞、评论和转发功能传播意义,表达自我。抖音采用竖屏模式,观看界面简洁直观没有烦琐的功能键,界面右侧只有点赞、评论和转发,低成本的互动机制使用户愿意参与。

当品牌方在发布产品视频时能及时地了解消费者需求,对问题及时地做出回应,消除消费者疑虑,或者作为一个新的公关渠道主动澄清问题,从而维护品牌形象。品牌方还可以主动与粉丝互动,点赞评论粉丝视频,将高质量的视频素材剪辑到一起发布,鼓励粉丝制作更优质的短视频,拉近品牌方和消费者之间的距离,转化一批粉丝为忠诚消费者。

4. 信息消费个性化:激发消费市场长尾效应

随着web3.0时代的到来和新媒体技术的发展,一种与传统的"点对面"大众传播模式不同的新型传播模式浮出水面,即"个人门户"模式。

抖音有基于用户信息的协同过滤和基于社交关系推荐的基础算法,还有基于内容流量池的叠加特有算法,满足用户的个性化需求。通过计算用户在页面的停留时间和浏览记录测算出用户的喜好,以及用户选择的内容标签形成用户画像,精准高效地为用户推送个性化内容。

总之,短视频在传播声量中具有强大的长尾效应,能让企业的品牌宣传和产品推广实现广覆盖和精准推送。企业要善于利用短视频营销,提高视频社交的活跃度,拓宽视频营销的渠道,让广告投放者更快地见到效益。

5. 短视频营销方式

第一,品牌自主录制短视频。企业为展示自己的形象,以品牌的形式主动参与短视频的录制和剪辑,并在企业官方网站、微信公众号和短视频平台进行推送。这样能够提高企业的知名度及曝光率,达到了精准营销的目的。

第二，短视频病毒式营销。就目前而言，病毒式营销在短视频领域主要包括两种形式：其中一种是用户自主分享到第三方平台，当在浏览短视频的过程中，用户遇到能引起功共鸣的内容，会自发评论、转发给其他用户或者到第三方平台，以达到多次传播的效果。另外一种是短视频作者在拍摄或者后期制作的过程中，使用固定的主题或同一个背景音乐。虽然录制的内容不同，但是醒目的标题及相同的音乐往往能在第一时间吸引到用户的关注。

第三，植入式短视频营销。有数据调查显示，面对传统意义上单纯的硬性广告，用户都有一定的抵触心理，一般情况下都会选择主动过滤。但是在短视频领域，生产商家将产品信息或者企业理念与故事情节进行了完美结合，呈现出搞笑或者感人的剧情，这样既不会让用户感到反感，还能在不知不觉中产生了兴趣，在潜移默化中接受了这种营销方式，进而产生消费。

四、电子商务营销

1. 电子商务与电子商务营销

电子商务是指在开放的互联网环境下，买卖双方基于浏览器或服务器的非谋面的商务活动，是实现组织之间网上交易，消费者网上购物，在线电子支付和不同种类商务、交易、金融活动，以及综合服务活动组成的、新的商业运营模式。

电子商务营销是指建立在计算机信息基础上，充分利用现代信息技术、电子工具及互联网，以消费者需求为导向，通过营销组合的应用，满足消费者的个性化需要，并在建立基于共同利益的新型企业客户关系基础上，实现企业的盈利目标。其概念要素可以概括为以下三个方面。

第一，现代计算机和互联网技术是实现电子商务营销的基础。

第二，电子商务营销也属于市场营销的范畴，市场营销有关理论是其基础。

第三，电子商务营销强调企业与消费者关系的建立，在维护好客户关系的基础上完成营销策略的实现。

2. 电子商务营销渠道

第一，直接营销渠道：企业借助物流和在线支付，通过互联网直接将产品或服务转移至消费者。直接营销渠道有两种方式，一种是自建站点；另一种是将信息发布到委托服务商的网站上。虽然有第三方参与，但交易仍是由买卖双方来完成。这样简化了资金流转与商品供应，在降低成本的同时也易于和顾客建立沟通，但是其缺点也十分明显，消费者在面对互联网中越来越多的企业网站和分散的域名会显得手足无措，很快就会失去逐个访问的耐心。

第二，间接营销渠道：企业通过第三方提供的平台，向消费者提供产品或服务的渠道。和传统渠道不同的是，电子商务营销通常只涉及一个第三方平台就能完成交易，并且中间商并不参与实体的交易。

3. 电子商务营销模式

第一，营销类型。电子商务营销是营销能力、互联网平台操作结合的复合型营销技能。电子商务营销模式创新、提炼传统营销模式，主要有网络广告、电子邮件推广、关键词营销、电子拍卖（逆向）、关联营销、博客营销、病毒营销、精准营销、全网电子商务、社区/论坛推广、视频营销、建立客服中心等模式。

第二，典型应用。亚马逊自创办以来，为使亚马逊社区文化充实丰满，一直激励用户在社区内进行推荐链接、分享购物和评论等，为企业文化和社区文化形成奠定基础。为对书籍和有价值内容进行推广，亚马逊为作者开通相关博客使用户能直接与作者沟通心得，同时为销售开辟更广阔天地。允许用户上传产品信息且测试产品页面，消费者可增加或编辑产品信息、增加产品标签以方便产品浏览。阿里巴巴是国内，甚至全球最大的专门从事B2B业务的服务运营商，目前提供诚信通（低端服务，针对经营国内贸易的中小企业、私营业主）和中国供应商（高端服务，针对经营国际贸易的大中型企业、有实力小企业、私营业主）两个核心服务，还免费为中国商户、海外商户服务，主要提供资讯服务、网上贸易。企业通过阿里巴巴平台采购产品、原材料，通过淘宝平台构建网上商店、实现在线销售。

第三，发展趋势。随着传统企业资金大量涌入，未来电子商务营销模式应创新产品和服务、增加产品附加值，提供全方位销售服务：精细化产品定位、区域化降低物流成本。

（1）与SNS互通。SNS打造信息流动快、传播范围超越时空限制的网民虚拟生活圈子，一旦跟现实消费连接，将有效促进电子商务营销。"SNS朋友圈+消费者生活经验和消费情境"将使圈子中朋友互相成为信任的导购和强力推销员，真正打通线上线下生活圈子，创造新型营销途径。

（2）移动互联网应用。移动互联网杀手级应用LBS（基于位置的服务）可基于用户位置主动、智能地为其提供商品信息，极大地提升用户体验（用户无须发出搜索指令就能获得信息且可与网站互动），可智能收集、聚合基于位置的消费信息，有效地提升产品销量，未来将出现更多基于移动互联网的电子商务营销应用。

数字营销专栏3

京东图书的特色电商模式

京东图书于2010年11月1日上线，主营实体图书销售。2018—2020年，京东图书致力于落实物流服务"京仓京配"，即利用京东物流到合作伙伴的仓库和印厂取货及配送。京东图书依靠京东商城，很大程度上同步享受京东商城的便利及发展优势，具体有以下三个方面。

1. "京东自营+POP"的双重模式

京东的运营模式包括"京东自营"和"POP"两种模式，目前，已经有几百家优质供货商入驻京东。"京东自营"模式即供货商为京东供货并发到京东七大仓库，商品的定价权、运营权及活动促销权都归京东所有；"POP"模式即引入第三方商家模式的总称，针对合作商家和合作模式的不同可具体分为SOP（Sale On POP）、SOPL（Sale On POP & Logistics By POP）、LBP（Logistics By POP）和FBP（Fulfillment By POP）四种模式。

2. 注重消费者购物体验

京东图书无论是在售前还是售后都尤其注重消费者体验。

（1）消费者在下单之前可以在京东图书的销售网页上浏览到详细的图书目录、内容介绍、读者评价、精彩书评、精彩书摘等内容。

（2）京东图书平台设置了多种付款方式，消费者在交易时可以选择网上付款和货到付款两种方式，充分为消费者提供便利。

（3）京东图书有专门的京东物流系统和订单跟踪系统。2018—2020年，京东图书引入并完善"京仓京配"的物流模式，即京东先到合作伙伴的仓库、印厂取货，再利用京东物流转运中心的到仓服务运送图书。

（4）京东图书还为消费者提供完备的售后服务，包括七天内无理由退换货、在线客服24小时服务等。

3. 打造数字化的电子书城

京东图书在微信平台开设公众号，且先后推出"京东阅读"和"京东读书"手机端APP及配套的电子书阅读器，打造拥有海量电子书资源和社交类功能的新型电子书城。

（1）京东读书APP图书资源丰富、上新速度快、图书品类详尽，包括休闲娱乐小说、学习资源和漫画等。

（2）京东读书APP具有翻页、指定页面跳转、添加取消书签、本地书籍导入等基础功能。后又增设了书籍朗读功能，一方面解放了读者的双眼；另一方面也降低了对读者文化水平的要求。

（3）"书城"板块还新增了"组队读书"一栏，即读者可发起组队，满5人后可免费获取书籍并和同组成员相互督促、交流读书心得，读书任务完成后还可以获得相关证书。这不仅提高了读者的学习积极性，还可使读者获得成就感。

总之，京东平台有一套完善的、高效的精准营销系统。首先，收集用户在网上留下的浏览记录、交易、非交易等数据；其次，进行用户行为建模，如用户兴趣建模、用户信用模型等，对用户行为进行画像，完善用户营销价值等级评估并将数据提供给营销系统；最后，针对用户个性化特征进行商品推广，实现商品精准营销。京东图书不仅将这套系统运用于京东商城的纸质图书营销，还将其用于微信公众号和京东读书APP的图书个性化推荐，实现纸质图书、电子图书、教育资源的精准营销。

第三节　互联网时代的数字营销

互联网的发展涌现了一些新兴的经济模式，如网红经济，改变了消费者的消费习惯。在互联网时代的数字营销中，首先，企业要善于借用网红经济来带动企业营销效益的提升；其次，在营销过程中，要重视用户体验，同时借用社群运营，通过一些小小的福利实现大回报；最后，要永葆品牌活力，实现长期价值。

一、网红经济助力企业弯道超车

1. 网红经济的定义及其特征

网红经济是指网络红人在社交媒体上聚集流量与热度，以红人的品位、眼光对商品进行选款和视觉推广，对庞大粉丝群体进行定向营销，将粉丝关注度转化为购买力，从而将流量变现的一种新型商业模式。

与传统零售业相比，网红经济具有五个方面显著特征。

一是即时化。广大网民通过手机、iPad等移动端，可以随时随地进行消费。

二是社交化。属于网红与粉丝之间的红人社交，具有很强黏附性。

三是融合化。充分融合线上消费和线下体验，拓展消费渠道。

四是强覆盖性。突破门店销售品类限制，广泛覆盖绝大多数消费品类。

五是规模效应。网红推广实现商品销售的指数级增长。

2. 网红经济的发展优势

第一，网红经济规模迅猛增长，发展动能强劲。近年来，随着新经济业态的不断发展，网红经济通过其不断成熟的流量变现能力，展现出强劲的发展动能。与之前相对粗放的发展模式相对比，网红经济已然进入互联网时代的下半场。近年来大规模网红孵化基地的诞生，标志着网红经济走上了发展的快车道。中商产业研究院预计，到2022年，网红经济市场规模有望突破5000亿元。

第二，网红经济带动企业营销效益提升。网红经济为企业升级营销策略，提升营销效益带来了新方向。现行的企业特别是中小企业，在激烈的市场竞争中，在同样的产品质量下，借力网红经济打开产品市场无疑是一种极具吸引力的新思路。网红经济的变现能力不断增强，网红"带货"已成为时下流行的销售模式。2016年之后，社交平台日趋多元化，"双微一抖"、小红书等平台纷纷出现，并且对大众生活进行渗透。与此同时，网红也逐渐职业化，papi酱、李子柒、李佳琦等都是专业的内容生产者，据《2019年淘宝直播生态发展趋势报告》数据显示，淘宝直播平台2018年月活用户同比增长100%，带货超千亿元，同比增速近400%，且每月带货规模超100万元的直播间超过400个，创造了一个千亿级的市场。由此网红经济不可避免地会促进企业销售模式的转型升级。

第三，网红经济促进消费习惯转变。在互联网技术的不断升级大背景下，消费者的购买习惯也随之悄悄转变。据调查，消费者通过社交软件购物以短视频类平台为主，占比高达73.83%。影响消费者购买决策的各因素中，"网红推荐"占比达47.57%。当"网红+视频直播+电商"融合发力，其带货能力更是蹿升一大截。

第四，带动就业率提升。目前，"网红带货"已经形成一条由商家、平台、网红及MCN（多频道网络产品）等所组成的完整产业链，其中包括了网红孵化公司、网红培训公司、网红经纪公司、社交平台、电商平台等。网红经济产业链上各方产业的发展则增加了一批网红经济相关就业岗位的供应。随着网红的职业化发展，网红经济的发展规模也随之扩大，逐步形成了劳动力的"蓄水池"。

第五，促进后疫情时代国内经济更快复苏。突然暴发的新冠肺炎疫情，已然对全球经济发展带来重创。一方面是世界各地疫情暴发笼罩下的国际贸易投资大幅萎缩，大宗商品市场动荡；另一方面则是复苏经济的急切呼声。在国内逐步稳住疫情，开启经济复苏模式下，从官方到民间，各路平台争相发力。央视新闻启动为湖北拼单的公益活动，最先由央视主持人朱广权搭建网红直播李佳琦的合作平台，共同售卖产品，在两个多小时的直播里，吸引了1.2亿用户的围观，卖出超过4000万元的湖北农产品。而后，各方政企影视名人相继加入直播带货队伍中，迸发出了网红带货的惊人推广能力，为加快经济回温提供强劲助力。

数字营销专栏4

完美日记的网红营销策略

说到国产彩妆，绕不过去的一个品牌就是完美日记，作为近几年崛起的国货品牌中的翘楚，从当初的粉底液发家致富到如今的遍地开花。回顾完美日记的发展历程，其成长速度无疑是惊人的，在成立的短短三年时间里，就从0做到了几十亿元的估值，每年的"双11""6·18"等购物节都创造了令人惊叹的销量。

在网红营销这种特殊的营销方式下，消费者产生购买欲望和完成购买决策也有专属自己的名字，叫作"种草"与"拔草"。"种草"是当下很流行的一个网络用语，多指"宣传某种商品吸引人购买"。完美日记是通过什么样的方式让消费者"种草"产品的呢？我们可以通过以下三个方面来分析。

1. 入驻小红书，疯狂吸粉近200万人

完美日记选择了小红书作为产品推广的主战场。自从完美日记入驻小红书以来，官方自产的笔记就将近500篇，疯狂吸粉近200万人，高颜值的首页装修，也成了用户爱上它的原因之一。在小红书的搜索框输入"完美日记"四个字，会出现"10万+"篇笔记。其中，大多数笔记来自普通用户的体验感受、消费者的良心"种草"推荐、生活场景的应用，这些大大增加了用户对品牌的信任。

同时，完美日记邀请了很多头部和腰部的KOL（关键意见领袖）撰写原创笔记，对其产品进行测评、试色和对比，用自己的消费感受引导消费者购买产品。这样的营销模式使许多旁观的消费者成了完美日记的忠诚粉丝。

在铺垫好基础数据之后，完美日记邀请了林允、欧阳娜娜、张韶涵等明星实名制向用户推荐其产品。这个方式无疑让完美日记名声大噪，许多消费者纷纷路转粉，选择这个国货美妆产品。

2. 精准选择短视频平台

目光独特的完美日记果断地选择了抖音和B站作为其宣传产品的主要短视频平台。

在抖音上70%为90后用户，这个年龄的用户也正是现在美妆行业的主要消费人群。在营销方面，完美日记选择带货达人李佳琦"种草"推荐。很多用户就是看了李佳琦的"种草"视频才了解完美日记这个品牌的。

B站作为00后扎堆的短视频平台，在未来的5年内，将会是一个很大的市场。完美日记看中的就是它现在的传播能力和未来的潜力。B站的美妆视频大多以推荐白菜价产品为主，很多大学生和刚刚毕业的实习生，都是奔着UP主推荐的评价产品来的。完美日记完美地利用了自己的价钱优势，在B站站稳了位置。

3. 借助微博和知乎，增加曝光度和阅读量

微博作为美妆行业的主战场，完美日记先后请了许多KOL在微博上带动话题，通过博文视频等形式，"种草"产品的性价比、效果等，全网阅读量飙升。2018年，完美日记邀请人气偶像朱正延代言品牌，开启了在微博上的刷屏模式。

与此同时，在知乎上，完美日记邀请专业的美妆达人从用户角度解答完美日记的卖点，很大程度上增加了用户的信任感。这些美妆达人在知乎上多以回答专业性问题为主，从专业角度解读其产品的功效与实用性，让很多人看到了一个专业的美妆品牌。

总之，从网红庞大的粉丝流量和持久的粉丝关注度来看，完美日记推

广营销非常具有方向性，品牌信息传达的受众群非常准确有效。运用这一特性，帮助自身打开了消费市场，让品牌知名度一路攀升，甚至长期占据各大社交网络和电商渠道的热搜榜。行之有效的网红营销策略可以助力品牌在网红经济的万亿市场中赢得一席之地。

3. 网红经济可持续发展的战略

第一，坚持质量为王理念，保障推销产品的质量。要正确引导创业者转变重"网红"轻"经济"的错误观念，网红带货的本质就是通过把握粉丝需求和消费偏好，引导创业者认清网红带货的实质是一种销售渠道，其核心要义在于商品交易行为，商品质量是"回头客"的最终决定性因素。既要看到网红带货的"热"度，也要看到网红带货的"长"度，始终把商品质量摆在首位。此外，应正确引导消费者在购买前确认自己的实际需求，了解商品详细信息，在交易中保留必要的交易凭证。一旦发现权益受损，及时联系消保组织，揭露和举报相关违法违规行为。

第二，坚持强化综合监管，规范网红带货行为。健全完善法律约束、行政监管、个体自律的监督体系，强化网红带货的软硬约束，促进网红经济规范发展。

第三，提高平台准入标准，完善诚信评价机制。要进一步完善内容审核机制，约束商家建立完备的售后机制。相关监管、执法部门可建立针对直播平台的网上巡查机制，在全网开展数据打假行动，防范数据欺诈行为，对于售假、伪造流量的主播、"网红"，应列入失信名单，社会公布，优胜劣汰。

二、用户体验——企业增长的基石

1. 用户体验的概念界定

用户体验被普遍认可的一个定义来自ISO9241—210，即人们对于使用或参与产品、服务或系统所产生的感知和回应。这个定义清晰地界定了用户体验附属于"人"，指向"感知与反馈"，时间限定在"使用和参与过程"，对象是"产品、系统或服务"。

2. 加瑞特的用户体验模型

美国知名用户体验学者加瑞特，将用户体验划分为五个要素，分别是战略层、范围层、结构层、框架层及表现层，对应了用户体验的五个要素。

第一，战略层。来自企业外部的用户需求，要求必须从用户的角度出发，了解用户的需求和目标，清楚地认识用户想要达到的目标和如何更好地完成用户的其他目标，这将有利于促进基于用户体验的各方面战略的制订。

第二，范围层。紧邻战略层，是在得知用户的需求和目标后，以内容需求的形式呈现出什么样的产品和功能。定义项目范围需要做的是一个有价值的过程和能产生有价值的产品，有利于清楚用户需要什么，以及用户不需要什么。

第三，结构层。定义立足于交互设计，是在明白用户的需求后所要做出的反馈，从范围层得出的各种用户需求组成一个整体。在传统的网站和软件的开发中，为用户设计结构化的体验方法就是交互设计。交互设计专注于用户可能会发生的行为，同时也定义了在设计中如何配合和响应这些用户行为。

第四，框架层。在用户体验自下而上经历了战略层、范围层、结构层后，形成了大量充满概念的需求，得出产品将以什么方式设计，紧接着的框架层则要求确定产品以什么样的功能和形式实现，对需求提炼出详细的结构。框架层包括信息设计、界面设计和导航设计。

第五，表现层。作为用户体验五要素的顶层，完成了前四个要素的所有目标，并满足了人最基本的感官体验，如嗅觉、味觉、视觉、触觉和听觉。通过对五感的感知设计，将内容、功能和美学汇集成一个最终设计，能让用户使用产品的时候更舒适。

数字营销专栏5

贝壳找房的五维用户体验

贝壳找房APP包括二手房、新房、租房、旅居、海外五个板块，主打二手房模块。贝壳找房一直致力于带给用户优质的体验，主要表现在五个层面，分别是：战略层、范围层、结构层、框架层和表现层。

1. 战略层：用于定位目标用户

用户的目标与用户需求是由战略层来决定的，在这里需要把产品的目标与用户的目标相统一。此处主要针对的是准备购买和要购买二手房的用户，负责房产经纪中介工作。

2. 范围层：丰富内容频道

APP的范围层是由内容范围、功能规格组成的。在贝壳二手房部分，包含了首页内容、看点、聊天、我的、地图找房、找经纪人、精准搜索、找小区、必看好房、全部房源等十几个内容，用户不仅可以自己选择房源，还可以让经纪人推荐房源，制订购房计划。

3. 结构层：多级展示，功能组合

结构层确定APP的信息结构，也包含了交互体验，主要通过分级展示的方法来呈现。贝壳找房二手房领域也采用了这种方式，首先在租房与买房中选择，接着是新房与二手房，下一层是房源的挑选，然后是房源详细的信息，包含文字介绍、图片与视频。在"我的"按钮之中，浏览记录、房子、钱包都是要点击下一级进入的。

4. 框架层：合理布局，优化设计

用户界面中的各类按钮的排列组合、位置、细节设计都是由框架层来表现的，其目的是让客户更好地习惯操作。通过左右的滑动，使用者可以选择自己需要的功能：最上方是一个总的搜索功能按钮，接着是排列整齐的房屋相关功能，往下是实时资讯，图文结合，用户可以自己更换刷新。

5. 表现层：注重视觉，增加自己的品牌辨识度

表现层就是用来展现APP能看到的一切东西，包括图文、颜色搭配等。贝壳主要是蓝白基调，简洁大方，功能虽多，但不会给人眼花缭乱的感觉，符合当代人们的审美要求，重要功能加粗表达，展现功能的重要性，排版规整，看起来自然大方。通过对结构层的设计，产品的整体形象已经有了框架，就像一本书已经有了大纲一样。于是这时候就需要在大纲上进行扩充，使其变得"有血有肉"，需要在这个时候确定产品的外观框架、页面导航与功能基础设计。

总之，贝壳找房在战略层上定位目标用户，在范围层上丰富内容频道，在结构层上重视功能组合，在框架层上不断优化设计，在表现层上致力于增加品牌辨识度。企业也可以从这五个要素出发，打造极致的用户体验。

三、社群运营——小福利大回报

1. 社群及社群的特征

社群是通过两个或者两个以上具有相同的认同感和团队意识聚集在一起，团队成员之间相互影响、相互产生作用，拥有相同或者特定的期盼和目标并且实时共享形成的。具有以下特征。

第一，存在感。社群是由用户组建起来的，为了使用户们能够长时间

地留存在社群中，必须使用户们在社群中享受到足够的存在感。

第二，介入感。社群用户的参与和互动能够增强用户的依赖性，不论是利用线上还是线下活动，都能够实施营销过程中对社群用户的充分把控。

第三，收获感。社群中用户收获感完全源自自身和品牌或内容的直接互动，良好的互动有助于为内容或服务拓展更加广阔的知名度，并且能够更深层次地发掘其隐形的传播价值。

2. 社群运营的定义

学界和业界对于社群运营的基本定义尚未形成统一概念。

社群运营是一个兼具理论性与应用性的研究课题，运营从业者也提出了关于"运营"的定义。如互联网企业某高管指出一切能够进行产品推广、促进用户使用、提高用户认知的手段都是运营，从结构层面来看，运营可分为内容、产品与用户三大板块。

通过上述定义，可以发现社群运营的核心是凝聚用户，进而连接用户与产品，以达到增加消费节点的最终目的，构建从兴趣聚集到商业变现的运营闭环。

3. 社群运营的发展现状

第一，"线上社群+营销"模式。随着网络的不断发展，基于网络平台兴起的各类线上社群不断涌现。例如，基于兴趣社群发起的同城吃货圈、旅游圈、车友群；基于行业特征兴起的房地产商业联盟、服装商业联盟、金融商业联盟等；基于学习目的组建的亲子教育、职业资质、职场普及群及各类技术交流群等。

第二，"线下门店+社区零售"模式。顾名思义就是将门店跟社区结合，基于社区这一地理关系营造邻近社群。现在很多门店都运用微信号、头条号等方式，利用门店自身优势，进行线上引流，积累客户；同时线下举办各类活动，保障新流量的导入，采用线下体验解决社群黏性和深度沟通的问题，实现销售的转化和二次购买，最终形成社群营销生态圈。

第三，"直播带货+社群拼单"模式。随着网红经济的不断发展，"直播带货"成为当下最火的带货模式，薇娅曾创下单场（5小时）最高销售额1.5亿元的纪录，据统计2018年薇娅的个人销售额为27亿元，2019年则达到了33亿元的规模。在社群拼单方面，以低价为主的"拼多多"受到更多人的关注，拿出了相当不错的成绩。近期拼多多推出了直播内测，"直播带货+社群拼单"风头正劲。总体来说，"直播带货+社群拼单"模式综合了"直播带货"、社群拼单模式的优点，在直播过程中产品的真实性得以展现，用户获得了更好的消费体验，以团购模式实现交易，品牌的销量得以提升，商家同时获得了拥有广度和深度的流量。

4. 社群运营的价值

第一，节省营销费用。移动互联网的发展，社群实现精准营销的重要基础是大数据，基于大数据，企业可以利用用户数据搜集、用户画像、用户分类管理等大数据管理工具，对客户进行精准分组，根据用户属性，精准推送个性化的营销信息和产品营销内容。在社群内部，人们通过高频率、高自由度的内部交流和互动，进行多向的信息交流；在社群外部，由于个体需求和兴趣的多样性，同一个个体可能会在不同的社群间切换，使群内传播发展为跨群传播。群体对于个体的信息性影响会促成部分购买行为。群体交流中形成的一致性意见会产生群体倾向，这种群体压力能改变不同意见，产生从众购买。同时，个体在连接中互动，互动增强了成员间、成员与企业间的信任，信任的增长促进交易，交易反过来又是互动的一种表现形式，因此信任螺旋上升。

第二，便于客户关系管理和维护。通过移动设备能快速地收集用户反馈；另外，根据用户注册信息，可以通过电邮、电话等直接联系客户，提高了客户服务的效率和品质。

第三，差异化。通过构建社群打造圈层，企业让用户与企业、用户与用户之间保持了极强的黏性。让用户的社交关系与商品属性捆绑融合，用户的社交关系迁移成本也将变得极高。这种特色难以简单地复制抄袭，缔造出的差异化为企业营造了坚固的竞争壁垒。

四、长期价值——品牌重塑的机会

1. 品牌重塑的概念

品牌重塑是指品牌的再塑造，是指推翻以前品牌在人们心中的形象，通过重新定位目标消费群体，提高产品的质量和服务，其本质是重塑与再造，是通过重塑与再造来延续品牌和提升品牌，使品牌更具活力、适应力和竞争力，激发其长期价值。

品牌重塑是指企业的内部环境或外部经营环境发生了重大改变，为适应客户消费观念和偏好的巨大改变，适应竞争的加剧、革命性新技术的出现，面对品牌忠诚度的大幅度下滑、品牌老化的问题，充分运用调整战略转型、进入全新市场，利用业务多元化、兼并品牌等方式，在变化中寻求保持或提升品牌资产的一种成熟的途径。

2. 什么样的品牌需要进行品牌重塑

第一，品牌老化。首先，品牌知名度和美誉度较高，认可度却很低。其次，产品结构老化，缺乏引导潮流的创新产品，在技术方面由领导者变成了追随者，甚至成为新技术的阻碍者。再次，营销手段老化，缺乏创新的营销手段，销售模式、渠道、促销、广告一成不变，缺乏新意。最后，品牌识别系统老化，缺乏时代感和活力。

第二，进入新市场。随着全球化进一步发展和国内市场日益饱和，国内很多企业冲入海外大市场已经成为一种必然的趋势。然而在走国际化道路时，由于受到语言、文化、法律差异等因素的影响，常常面临品牌认知困难或商标无法注册的困扰。实践证明，只有品牌国际化才能实现企业国际化，进入新市场的企业需要重新思考自己的品牌。

第三，业务多元化。在企业发展的过程中，为了占领更多细分市场，业务多元化发展是一种非常普遍的现象。当业务多元化使企业原本聚焦于专业领域的品牌在经过多次品牌延伸后，经常会出现品牌形象和品牌定位等无法包容多元化业务的问题，这时就必须对品牌进行重塑。

第四，重组与并购。当企业进行重组与并购时，会出现原来分别独立的多个品牌需要进行整合的问题。当品牌核心价值和品牌定位等存在较大差异的多个品牌都具有品牌价值时，需要在尽量保留各自品牌价值的基础上进行品牌整合和品牌重塑。

3. 如何进行品牌重塑

第一，进行全面而系统的品牌检验。

第二，确定稳定而一致的品牌形象，协调统一地传递同一个信息。

第三，持之以恒地追求卓越。

章末案例

红星美凯龙带领企业持续增长

红星美凯龙集团是国内经营面积最大、商场数量最多及地域覆盖面最广阔的全国性家居装饰和家具商场运营商。目前，红星美凯龙品牌库已经拥有20000多个产品品牌，并与近70000户家居产品经销商建立了紧密合作。2019年2月27日，由红星美凯龙与中贸展合资成立的会展公司——中贸美凯龙正式在上海揭牌。红星美凯龙进军会展市场，整合资源，将为品牌和经销商构建又一个完整的生意闭环。这样既可以将会展运营作为公司新的盈利增长点，又可以反哺自身主力业务，从而盘活红星美凯龙的线下卖场、产品品牌及经销商资源。同时，在2019年，红星美凯龙作为建博会和家博会的联合举办方，进一步推动了品牌的发展。除此之外，红星美凯龙设立了家装产业集团，整合家居产业链上下游资源，真正实现营销、流量、产品、技术、服务整合及标准整合，撬动万亿级消费市场。

红星美凯龙迅猛发展，以强势的劲头闯入到了中国民营企业500强。同时，红星美凯龙实现了升级。随着新消费群体崛起，消费观念不断迭代，一站式整体服务需求日益强烈，"让装修更简单"才是商业模式演变的着力点，拎包入住业态不仅是消费者的需求，更是家居行业从纯卖到服务闭环的升级。

首先，红星美凯龙用重写家居行业标准来抓住产业互联网时代的红利，最终顺势成为服务商。用产业互联网的思维和方法，搭建了涵盖设计、下单、生产、交付、安装、服务在内的全流程闭环软件——设计云平台，并推出了拎包入住整装业态。同时，在渠道上也在不断升级，不断布局新零售。上线红星美凯龙天猫旗舰店，开拓全新的流量入口，购物渠道从割裂走向融合，让线上线下融合成为家居卖场新的发展趋势。

截至2019年6月底，红星美凯龙互联网新零售平台已累计实现超1.5万家商户签约入驻。并且基于公司自行开发的新零售系统，实现全国54个城市103家线下红星美凯龙商场与线上平台的商品及服务对接。

其次，红星美凯龙在资本市场大获全胜。2019年6月，红星美凯龙发布《关于稳定股价实施方案暨增持计划的进展公告》，公告显示，红星美凯龙控股股东、实际控制人及公司时任董事、监事会主席及高级管理人员通过集中竞价方式增持公司A股社会公众股份，共计斥资2.24亿元完成。此外，在2019年11月，红星美凯龙又推出了面向高管和核心骨干的股权激励计划。红星美凯龙还举办"股东来了"一系列活动，以回报广大股东为己任。这些举措不仅全面展示了公司上下对未来发展的信心，更能够在提升团队积极性与稳定性的基础上，进一步提振内外部信心。

于外部而言，2019年5月，阿里巴巴以认购债券的形式，与红星美凯龙进行了"联姻"，双方在新零售门店建设、线上电商平台、物流仓储、消费金融等多方面、多领域展开了一系列战略合作。对红星美凯龙而言，阿里巴巴的投资入股所带来的不只是资金支持，更重要的是"借力"完成新零售闭环的建设。实现线上线下的全渠道布局，各线数据的全领域打通，由此亦可以延伸出许多新的服务和体验。

最后，红星美凯龙真正做到了企业自律。企业自律就是在品牌和产品泛滥的时代，不断进行品牌建设，承担更多的社会责任。其实，早在1999年，红星美凯龙就出资100万元设立了红星集团光彩助困基金，随后便一发不可收拾，在公益的道路上不断驰骋。在2019年3月推行公益骑行活动、在咸阳举办"粽享关爱"公益活动、在阳新商场开展重阳敬老公益活动，还在全国商场发起"一日捐"募捐活动等。

基于用户想购买绿色环保家居的需求，2019年12月17日，红星美凯龙联合中国质量认证中心共同推进家居绿色环保领跑品牌项目综合评审会。红星美凯龙通过"绿色环保领跑品牌"将健康传递给消费者的同时，在各大城市树立起更加健康、环保的消费理念，领跑"绿色家居"消费新主张。绿色领跑旨在为消费者构建一个绿色安全的家居环境，引导人们购买绿色家居，凸显绿色品牌企业责任感。这不仅仅是一次绿色环保主题活动，更是红星美凯龙在家居环保马拉松上的必战征程。

总之，红星美凯龙一直能以品牌价值核心建立起与用户的深度连接，让品牌形象也变得更有温度，拉近与用户之间的距离。面临新的挑战和机遇，既需要对传统的坚守，也需要积极拥抱变革。红星美凯龙以品牌价值为内核，以业态升级为壁垒，以新零售突围为目标，以团队建设为保障，如此才有了红星美凯龙在行业领先的服务与质量，以及国内家居装饰和家具行业备受赞誉的品牌形象。在当下的大消费时代，谁能全方位布局，尽早发现行业机遇并且快速改变航线，谁就能拔得头筹，红星美凯龙给了应对市场新挑战的参考范本。

本章小结

数字营销是借助于互联网、电脑通信技术和数字交互式媒体来实现营销目标的一种营销方式，具有集成性、个性化服务、更丰富的产品信息、更大的选择空间、更低廉的成本优势和更灵活的市场的特点。数字营销经历了十年的发展，具有极其重要的价值，包含社会化营销、移动营销、短视频营销和电子商务营销。社会化营销主要是指在社会化媒体中，对公司品牌、产品或服务进行有针对性的网络推广行为，实现品牌知名度建立、产品销售的这一过程。移动营销指面向移动终端（手机或平板电脑）用户，在移动终端上直接向分众目标受众定向和精准地传递个性化即时信息，通过与消费者的信息互动达到市场营销目标的行为。短视频营销主要是在短视频平台上植入各种广告宣传。电子商务营销是建立在计算机信息基础上的营销方式。

第二章

网红经济

红人是新晋生产力的代表,每个红人的生产力不一样,需要用不同的生产关系匹配。

——阿里巴巴集团董事局主席　张勇

网红经济是在互联网时代发展下诞生的一种特有的经济现象，其本质意义是网络红人在社交软件上通过积累流量和热度，然后对规模巨大的粉丝群体进行营销，利用粉丝对他们的关注度，逐渐形成购买力，从而将流量变现的一种商业模式。互联网技术水平的提高、网红行业利润的不断增长、粉丝群体的不断扩大和不断加大的资本投入，都是网红经济能够迅速崛起的重要原因。网红经济的迅速发展，不仅仅增加了网红行业的收入，为与之相关的企业提供了新的盈利点，还通过促进消费进而推动国民经济的快速发展。近两年，我国的网红经济发展到了一个新的高度，目前已经形成了一定的市场规模，2019年我国的网红经济市场规模突破了5000亿元，网红经济作为我国新经济的重要组成部分，国家出台了许多扶持政策促进其发展。

开章案例

"万人血书"求分店

近几年，中国的奶茶行业越来越火爆，大街小巷都充斥着各式各样的奶茶品牌。在这个追求潮流的时代，奶茶已经成为当代年轻人非常喜爱的饮品之一。平时在家或者上班，拿起手机就可以点蜜雪冰城或一点点的外卖，一个小时左右就可以享受到便宜又好喝的奶茶；在上海徐家汇和陆家嘴等繁华的商业区，排几个小时的队也能等到一杯喜茶或乐乐茶，但如果你想喝一杯茶颜悦色，可能得千里迢迢跑去长沙或武汉排队了。茶颜悦色是一家以中国风为主题的奶茶品牌，于2013年在长沙创立，开业至今共有近300家门店，在武汉和常德开分店之前，"不开出长沙"一度是它在江湖上的传说，因为只在长沙开店引发了一系列令人啼笑皆非的"血案"：有人因为不想排太多次队，一天狂喝八杯茶颜悦色；咸鱼上甚至还衍生出了茶颜悦色代喝业务，自费请人代你去长沙，代你喝茶颜悦色。当然比起为了喝一杯茶颜悦色坐飞机高铁、打"飞的"跑到长沙去的这些都算不了什么。全网都在安利这杯小小的奶茶，很多即使没有去过长沙的人也知道茶颜悦色。它就像一个魔咒似的刺激着全国的吃货往长沙跑，好像再不去全世界就只有你没有喝过这杯奶茶了。在外地喝不到茶颜悦色的人，只能请热情的长沙人民帮他们去茶颜悦色喝一杯奶茶，更有网友在微博上发"万人血书"，求它开出长沙，可以说是当之无愧的"网红奶茶"了。根据美团发布的《2020十一长假生活消费报告》，十一期间茶颜悦色奶茶订单量超过11亿单，到了一杯难求的地步，称得上是中国最凶猛的"网红店"。2020年12月1日，茶颜悦色武汉首店正式开业，场面火爆到让人叹为观止，有些人为了传说中的"网红奶茶"不惜排队8小时，外卖小哥说一杯100元跑腿费也有人买，"插队"一杯卖到500元刷新了大家的三观。

令人疑惑的是，长沙不单单只有茶颜悦色，全国知名的茶饮店如喜茶、coco、奈雪的茶、一点点、蜜雪冰城、乐乐茶等在长沙都有很多分店，但在茶颜悦色面前，它们显得毫无竞争力。茶颜悦色是如何在短短几年时间从默默无闻一跃成为茶饮界的顶流的呢？

首先，茶颜悦色跟精致的网红形象有很大的差别，就是一个"铁憨憨"，从来不会掩饰自己存在的问题，出现产品安全问题都会发文公示并且道歉，并邀请社会大众一起来监督。俗话说"人红是非多"，全国各地都有模仿茶颜悦色的"山寨品牌"，但山寨告正主这样罕见的事情，居然被这个"憨憨"碰上了。2020年"茶言观色"注册商标专用权人广州洛旗公司以长沙"茶颜悦色"商标侵权为由向法院起诉，请求赔偿其21万元，结果全部诉求被驳回。这些让人又好气又好笑的行为让它经常上微博热搜，在网上的知名度渐渐打开了。

其次，茶颜悦色自创立之初走的就不是高奢路线。它更像一点点和蜜雪冰城，坚持走高性价比路线，一杯奶茶的平均价格在16~20元之间，主要以街铺为主，比大多开在大商场均价25~35元的喜茶和奈雪的茶便宜了一大截。它独特的口感和包装在众多品牌里也更具有辨识度。同时，它采用密集选址的区域渗透打法，不规定店面的类型，有地就开，目的是让消费者想喝就能买到。在长沙，基本每隔500米就能看见一家茶颜悦色，但即便布局如此密集，平均每家店的排队时间也要1个多小时。正是因为店铺随处可见，提高了品牌曝光度，加深了品牌印象，所以消费者一想到奶茶，自然而然就想到了茶颜悦色。

最后，不得不提到茶颜悦色的服务，相较于海底捞可以说是有过之而无不及，它推出了"一杯鲜茶永久求偿权"权益，一旦消费者对自己的奶茶口味不满意，就可以无条件重新做一杯，星巴克一直有这样的规定，但这在奶茶行业还是头一遭，毕竟会面临被薅羊毛的风险。事实上，很少有人会要求重做一杯，有过的也会在社交平台上晒自己免费求偿的经历，疯狂安利这家店，很多网友都被这家店圈粉。还有更让人感动的是，茶颜悦色的店员在下雨天会排队给消费者送伞，同时门店会在下雨天推出第二杯半价的活动，这样暖心的店谁会不想去体验一下呢？

现在，茶颜悦色俨然已经成了长沙的一张名片，人们都不会想到长沙的旅游业居然会被一杯奶茶带动，要知道每一个跑去长沙的人都带动了长沙的交通、酒店、餐饮和景点的消费，刺激当地的需求和经济活力，从而提供更多就业机会。

那么，长沙为什么能打造出这么多网红爆品呢？有一个解释是它把产品打造成了城市IP。过去提到长沙，人们首先想到的是臭豆腐，还有深入人心的湖南卫视，文娱产业做得非常棒。但如今的长沙是随时随地都能玩转网红IP的一座城市，网红地标和美食数不胜数，从集城市繁华和烟火气息于一体的五一商圈，到橘子洲烟火，从超级文和友到茶颜悦色，网红长沙圈粉无数，吸引全国各地的人们前往吃喝玩乐、拍照打卡。超级文和友通过复刻长沙文化，用斑驳的墙体、老旧的窗格和各种各样的招牌呈现出"文化长沙"，为"网红长沙"的成名助了一份力。茶颜悦色则是通过文化创意打造出长沙特有的地域文化，它的味道或许跟其他奶茶没有太大的差别，但是它的外形包装是最具有辨识度的，不同于清一色的北欧简约风。茶颜悦色花上百万元买下了宫廷画师郎世宁和其他名画的使用版权，用它们来设计中国风Logo和包装，不少人觉得茶颜悦色的风格像故宫附体，非常国潮。卖奶茶如此卖力的好处就是打出了差异化的文化牌，茶颜悦色自然而然也就成了长沙地域文化的一部分。在这个日新月异的时代，扎堆复刻已经是一种常见的现象。前几年仿古街流行之后，每个旅游城市现在都有各种各样的仿古街，大多数都没有自己的特色和IP，游客慕名而去却大多失望而归，有种上当受骗的感觉。近两年一窝蜂地又开始建小镇，一个个人造的小镇、一片片人造的花海，钱是投进去了，经营策划却没有跟上，没有历史人物，没有历史建筑，没有自然景观，什么都没有如何能成为长久的IP呢？

总之，没有一个城市能通过模仿复制把自己打造成"网红"。长沙精心培育自己的地域文化，并坚持文化输出，才有了今天的"网红长沙"，在这里，连一杯奶茶都有自己的脾气，不喝一杯茶颜悦色都不好意思说自己去过长沙。

第一节　网红经济的崛起与发展

近年来，随着我国互联网技术的不断发展，全国范围内的网络覆盖率也不断地在提高。据中国互联网络信息中心发布的报告，截至2019年6月，我国网民规模达到了8.54亿人，互联网的普及率达到了61.2%。伴随着互联网媒体的发展，一个新的群体——网红，开始得到越来越多人的关注。在互联网技术的支持下，网红在直播平台、电商平台等多个平台积累粉丝，并将其社交流量变现，他们已然成为一种经济现象，即网红经济，现在网红经济已成为我国消费的重要动力。

一、网红与其运作模式

1. 网红

网红即网络红人的简称,是指在网络或者现实生活中因为某些特质或者某些行为而被大量网友关注从而走红的人,或者是长时间通过互联网平台输出专业知识而走红的人。网络红人跟传统意义上的名人最大的区别就在于成名的方式不一样,他们是凭借互联网的力量,将自己身上的特质表现出来,与网民的审美、臆想、品位及用户的情感相契合,在网民的追捧下成为网络红人。需要指出的是,不是每个网红的诞生都是有意的,也有一些是偶然因为某件事或某个行为被无限放大,进而为网民所熟知。总体来说,网络红人的产生是在互联网时代的发展过程中,媒体、运营及网名需求等多方共同作用下的结果。网络红人按照不同时期可以分成三代。

第一,文字时代的网络红人。文字时代的网络红人是最早出现的,那段时间互联网还没有那么发达,但很多人已经通过网络体验到了电子书的乐趣,痞子蔡、安妮宝贝、今何在等人写的小说非常迎合大众的潮流,点击量特别高,粉丝的数量非常多,他们的作品后来还被拍成了电影,所以他们可以说是初代网红代表了,那一代的文学作家的驾驭文字能力是现在许多作者都比不了的,他们也依靠文字让自己成了网络红人。

第二,图文时代的网络红人。随着互联网技术的不断发展和普及,很多家庭都装了宽带,上网更加便捷,文字不再是单一的传递信息的载体,越来越多的图片开始出现在大众的视野,慢慢地进入图文时代,这个时期的网络红人比起文字时代要更加丰富多彩,并且女性在这个时代更加占优势,"芙蓉姐姐""凤姐"就是那个时期的网红代表,通过一些夸张、搞怪的照片吸引了大量网民的眼球,引发了一系列争议,但这些争议反而把她们推向了另一种人生,带来了新的机遇。凤姐从月薪1500元的收银员变成了各大综艺的节目嘉宾和广告代言人。

第三,视频时代的网络红人。当互联网的技术得到了更进一步的发展,视频慢慢进入大众的视野,各种各样的视频平台也随之诞生,从最早的土豆、优酷,到现在的抖音、快手,不仅丰富了人们的娱乐生活,也催生了更多新的网红。他们通过拍摄不同类型的视频吸引观众,既有搞笑的,也有传播文化的。美食博主李子柒凭借精良的制作,以及独具风格的田园生活积累了大量的粉丝,还走出了国门,成了人生赢家。

2. 网红的运作模式

第一,通过自身的艺术才华成名。这一类型的网络红人主要是依靠自己的艺术才华吸引大众的眼球进而获得广大网民的追捧。他们一般不是从正规的艺术学校毕业,不曾接受过系统且专业的训练,背后也没有专门的运营公司,且大多数出身比较平凡,通过努力学习在某个艺术领域形成了自己的独特风格或技艺。他们把自己的艺术作品传到某些网站或者视频平台上吸引人气,凭借不同于主流的、独特的艺术品位,渐渐地积累人气,直到拥有某个固定的粉丝群。

第二,通过搞怪、作秀成名。这一类型的网络红人往往需要"丑化"自己,通过在互联网平台发布搞怪的视频或者图片,使得它们在网上被广泛传播,从而引起广大网友的关注,进而走红。他们展示的内容通常具有哗众取宠的特点，即用浮夸的言行迎合大众，以博取他们的好感。这种行为带有很强的目的性，主要是商业目的，和明星的炒作行为有异曲同工之处，都是为了引起大众的注意，使自己的名气得以提升，成为网络红人。

第三，意外成名。这一类型的网络红人与前两类相比有一些不同，不是主动地刻意展示、炒作自己，而是自己的某一行为不经意间被网友通过照片或者视频传到网络，因为他们的表现与人们内心的情感相碰撞，从而被迅速转发扩散，引起广大网民的注意，成为网络红人。他们身上的一两个闪光点被某些眼光独到的网民发现并通过网络传播，大众因为好奇也会给予关注，但是这类网红往往不知道自己在某一时刻已经成为网络的焦点。

第四，网络推手成名。这一类型的网络红人背后往往有一个专业的团队。该团队通过精心的策划，选择在某个关注度很高的互联网平台，展示某些举动刻意以突出网络红人，给大众留下一个深刻的印象，然后花费大量的人力、物力来进行推动。他们在很多人气论坛里发帖，雇水军来转发讨论，目的就是造成一个很火的假象，从而吸引更多的网民关注。

二、网红经济市场红利

网红是近几年兴起的现象，由网红带动的网红经济则是2019年才逐步形成的一种新的商业模式。网红经济是伴随着互联网时代不断发展而来的产物。网红充分利用互联网平台的迅速传播优势，不断改善提高自己的形象和品位，利用自身积累的粉丝名气吸引消费者，拥有强大的变现能力，可以说是名利双收。消费者之所以对网红如此热衷，是因为随着互联网的不断进步，大量的信息接踵而来，消费者所面临的选择太多，需要找到一些可以信赖的店铺或人以证明他们的选择是明智的，网红的出现恰恰满足了他们的需要。正是有商业头脑的幕后推手看到了消费者和网红之间彼此需要的关系，所以花大力气参与网红的打造和运营，从而使网红经济越来越繁荣，也正是因为这样，网红经济成了一个多元化的产业链。

在这条产业链上，包括设计师、原料供应商、制造商、销售商、消费者和服务者等多个节点，网红就会成为这些节点的联结者，通过社交媒体、电商平台等多个领域将自己的人气转变为商业价值，充分展现了互联网融合新经济时代带来的无限活力。

2019年开始，网红经济就迎来了新的发展机遇。网红电商直播的兴起打开了新的消费模式，促进了消费升级，其背后所带来的收益绝不是一串数字所能表达的。淘宝作为国内最大的电商平台，其直播交易额也随着网红经济的爆发迅速增加。2017—2020年淘宝直播交易规模如图2-1所示。

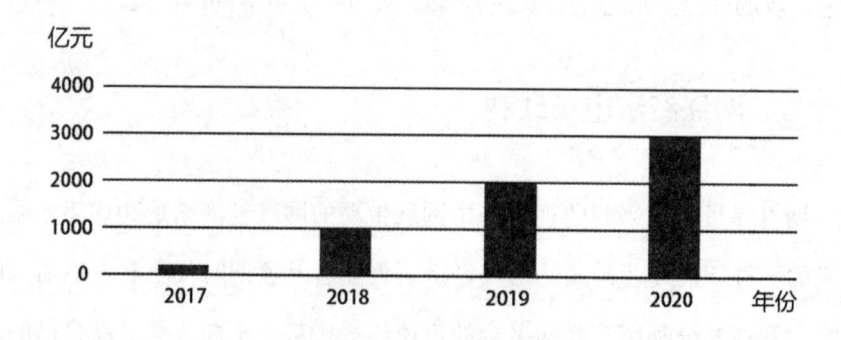

图2-1　2017—2020年淘宝直播交易规模

过去电商的内容表现形式主要处于图文阶段。用户在微博、小红书等软件上通过搜索或浏览找到自己心仪的商品，再跑到对应的电商平台上下单，这样才能使流量变现。这种依靠"人找货"才能完成的消费行为，交易效率相对较低，商家往往处于被动地位。电商直播方式的出现，使商家能够突破地域限制，传播的途径和范围要更多、更广，用一样的时间可以实现更高的销售额。比如"双11"期间，观看薇娅直播的人数超过3600万人，而观看李佳琦直播的人数则有4300万人，销售额更是以亿元计，这对线下门店来说是不可能达到的。网红电商直播打破了传统的消费方式，实现了线下导购线上化，销售渠道更加多样化，最重要的是，实现了从"人找货"到"货找人"的转变。短视频带货同样也达到了异曲同工的效果。

网红经济掀起的热潮带动的是整个经济的发展，除了让护肤、美妆、服饰与食品等行业能在短期内提高销售额之外，也给新媒体营销行业带来了前所未有的巨大发展空间，所以网红经济的市场红利非常可观。

网红经济专栏1

"三无小镇"逆袭网红之路

丹寨万达小镇是贵州的一个"三无小镇"，没有良好的旅游资源，没有名山大川，也没有名胜古迹，更没有文人骚客在此留下传世的诗文。但就是这样一个被老天爷所遗弃的地方，如今却成功逆袭，摇身一变成了一个光环加身、荣誉倍加、闪亮发光的"网红小镇"。近几年来它凭借着万达的实力与情怀，依靠独特的策划与设计成就了一个有颜值、有内涵的网红小镇。小镇持续火热的发展，让曾经的东湖从一片荒芜变成一个旅游胜地，让丹寨从深山老林变成了一个度假的世外桃源，也让丹寨人民从曾经的贫穷走上了一条发家致富的道路。旅游行业对我国的经济增长并没有明显的直接作用，但是其溢出效应却能够带动其他产业的发展，具有很强的经济拉动作用，不过它所涉及的产业链普遍较长，所以导致溢出的传递时间会滞后。近年来，随着我国经济大背景的改变，许多地产企业转向投资文化旅游和特色小镇，但能够真正成功的却往往是少数。文旅之路自然是充满着重重困难的，我们也能够理解。一方面，文旅行业具有周期长、投入大、运营难等特点；另一方面，商业地产与文旅运营是极其不同的，对前者来说这是一个相对标准化的产品，而后者却要求差异化和特色化的体验。万达一直在尝试做大、做强文化旅游项目，从长白山文旅项目，到武汉汉秀，再到万达文旅城，它的脚步从未停下过。丹寨万达小镇的成功开发不仅增强了万达对文旅的信心，还唤醒了丹寨这座小县城，让它逐渐进入了大众的视野，随着小镇品牌的持续传播，也让更多人注意到了它的韵味与价值。

目前，随着小镇的建设与发展，也给其周边带来了更多的流量，周边的旅游资源陆续得到了开发与关注，龙泉山、排廷瀑布、卡拉村、清江村寨等旅游景点也慢慢浮现在了游客的眼前。同时，丹寨当地的少数民族文化和非遗文化也得到人们的广泛关注，为文旅融合的孕育与发展提供了基础。外地的投资商看到了丹寨小镇的无限潜力，希望能通过参与小镇建设分一杯羹。以前丹寨本地种植的茶叶是没有品牌的，现在已经有了丹红、丹绿等茶叶品牌；为了发展农业，投资商在当地开展了蓝莓和中草药等产品的种植，助力丹寨的经济增长；考虑到当地工业比较落后，建设起来比较困难，万井科技、中坚建筑、汇铁五金、博友纳米、千里苗疆等工业项目在丹寨落户了。随着我国第三产业的比重不断增大，旅游行业慢慢变得火热，丹寨万达小镇在短短几年的时间里把自己打造成了"网红小镇"，吸引无数游客前往。通过万达的品牌营销和持续运营，丹寨的潜力将被不断地激发出来，未来会有更好的发展，这也向我们揭示了做旅游所需要的关键就是持之以恒才能带来持续的流量，不断地向前发展。丹寨万达小镇有什么魅力可以吸引那么多游客呢？

首先，作为一个特殊的产物，丹寨万达小镇是万达的一个扶贫项目，这也就使其肩负着"脱贫致富"使命，面临着只许成功不许失败的压力，去丹寨万达小镇旅游就是某种意义上的扶贫，刺激了游客们的扶贫情怀，普通人想扶贫常常有心无力，但去旅游一次就能扶贫了，自己不仅能玩得开心，还能帮助别人，别提多有成就感了，所以很多游客乐意去这里旅游消费。

其次，这个小镇既不是原来就有的居民居住地，也不是历史悠久的传统景区，是万达从零开始打造的一个没有原有居民的纯文旅小镇。这一特殊性为游客带来了不一样的体验。以前如果要想体验苗族文化就得去西江千户苗寨，要体验侗族文化就得去肇兴侗寨，现在只需要去丹寨万达小镇就可以同时体验到两者了，因为它把苗族和侗族文化都融入进来了，在这里游客能够体验到丰富的文化展示，算是这个小镇的差异化特征了，很多人都被这里的特色所吸引。

最后，丹寨万达小镇可不是人们想象中的偏远落后、交通不便的旅游景点，它可以称得上是一站式旅游的目的地。小镇的背后有万达的专业运营。自开业以来，万达不断完善各产业的发展，不仅可以满足游客在"吃、住、行、游、购、娱"旅游六要素的需求，还配备了万达影院、温泉酒店、万达宝贝王这些万达系列品牌IP，游客还可以体验到《锦秀丹寨》实景演艺、独竹漂表演、研学基地等游乐设施和节目。总体来看，丹寨万达小镇坐落在黔东南，它既作为丹寨旅游集散的中心，也担负着苗侗文化和非遗文化传播的作用，已经成了一个人们可以放开心扉的休闲之地。天时、地利、人和等关键因素为丹寨万达小镇带来了初步的成功。从资金、政策、顶层设计，到业态布局、营销创新、商管运营，丹寨万达小镇统筹兼顾，把握好了每一处细节。而整个团队所涌现出的干劲与创造力也给行业带来了极大的影响力，这就为"项目打造成功，为丹寨脱贫赋能"的初心提供了更加有力的保障。丹寨万达小镇更是凭借全球招募轮值镇长、万达好声音、万达长桌宴、祭尤节、丹寨扶贫茶园等各类创意活动进行营销推广，在短时间内，就使丹寨万达小镇在知名度上提升了一个层次。始终以市场为导向，坚持以运营为核心，不断丰富内容体验来满足不同群体对这个项目的需求。这些都是丹寨万达小镇从内容到营销到运营上所下的功夫。它的出现就像给文旅行业树立了一个指向标，成了打造文旅小镇的新样本。

总之，"网红小镇"是网红经济的一个新事物，体现的是城乡融合的大趋势。以博人眼球为目的的特色小镇建设了一批又一批，从兴起到没落的也不在少数，要走通这条路终究是艰难的。要想从网红经济中获得巨大的市场红利，需要不断改革创新，才能够带来更多的活力。这就需要把握好自身特点，做出自己的特色，最终因特色而成就自己。

三、网红经济的可持续发展

网红经济作为一种新兴事物，只有在开放包容和制度健全的环境下才能走得更远，现在它已经成为产业新风口，资本市场非常看好网红经济的可持续发展，主要有以下几方面原因。

1. 5G技术将为网红经济助力

随着5G技术的不断提高和普及，未来VR与AR的范围将不断扩大，这就为进一步优化消费者体验提供了可能，通过使用相关技术用户可以在线上模拟线下购物的场景，对产品有更深入的了解，甚至达到身临其境的效果，在一定程度上降低信息不对称所带来的争议和麻烦，实现"云逛街"。

2. 短视频平台用户规模将不断扩大

据统计，2019年国内短视频的月活跃用户数达到了8.21亿，同比增长32%，这也是国内短视频用户使用时间首次超过长视频。可以预见，未来短视频平台的用户规模将持续扩大，现在抖音、快手等短视频平台已经加快了商业变现的速度，推动电商带货、直播打赏、游戏直播等多个领域的发展，不少企业不仅积极参与短视频制作，还计划设立短视频的运营部门，这些措施将推动网红经济持续发展。

3. 互联网巨头的加入将推动网红经济发展

各大互联网巨头都看到了电商直播、短视频带货的强大变现能力，也在积极地布局相关业务，希望能从中获益。例如，腾讯微视招募"好物推荐官"，启动短视频带货模式；拼多多、小红书都加入了电商直播；京东提出"2+2"计划，努力构建直播内容生态；淘宝也全面推进直播功能，持续完善直播产品。在这些互联网巨头的推动下，网红经济的持续发展将迎来新的发展空间。

4. 全民参与直播带动网红经济发展

据有关专家预测，未来的网红经济将是"人人皆主播"。就拿直播的薇娅与李佳琦来说，薇娅在成为网红主播之前做过女装批发、开过淘宝网店，李佳琦之前是一名美妆导购。这两位曾经只是普通人，但因为能带货，成为知名网红，收益颇多。所以只要拥有独特的人格魅力，加上一定的带货能力，就能积累大量粉丝，通过直播带动消费。除此之外，AI虚拟主播也将加入网红经济。2018年，新华社"新小萌"、北京电视台"小萌花"等多位AI虚拟主播诞生。与传统的主播相比，AI虚拟主播具有24小时在线并传递信息、降低成本等优势。

5. "网红+明星"合作模式将推动网红经济变现

2020年是网红直播的机遇，为了进一步推动网红经济变现，开始出现了大量的"网红+明星"组合。这样的组合有利于带来更多流量，增加产品的销量。明星的加入可以发挥明星效应，吸引自己的粉丝观看，增加直播间的观看人数，影响力随之增强，而主播就负责介绍产品，引导观众购买，可以说是双赢。虽然从现在的形势看，网红经济的可持续发展是非常有前景的，但是其本身还存在许多问题，如监管不力、消费者权益受损、人员混杂等，这些都有可能影响网红经济的可持续发展，需要政府和社会共同努力，促使网红经济向更好的方向发展。2018—2020年中国网红经济市场规模变化趋势如图2-2所示。

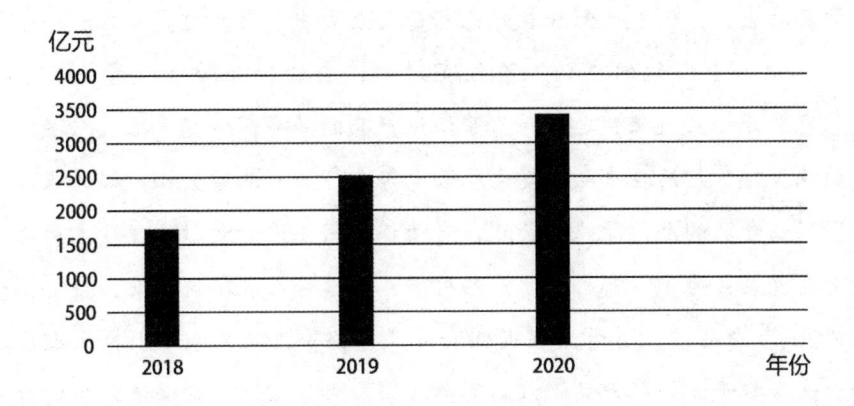

图2-2　2018—2020年中国网红经济市场规模变化趋势

网红经济专栏2

明星都在吃的"自热小火锅"

自嗨锅是重庆金羚羊电子商务有限公司于2018年推出的自热型火锅。所谓的自嗨锅，意思就是不需要像做饭那样用电、火，也不需要像泡面一样加入开水，只需要加入一点冷水就可以煮熟的火锅。自嗨锅上线仅仅三年多的时间就能取得如此大的成就，跟它的产品定位和品牌逻辑有很大关系。

首先，自嗨锅瞄准了当代年轻人这个庞大的消费群体，宅和独居是这个群体最明显的特征，外卖的推出也是为了满足现在年轻人的生活需要，自嗨锅除了有方便快捷的优势外，还有一个卖点是营养健康，并且其品类多样，不仅仅有火锅，还有煲仔饭、香锅等，虽然自嗨锅并不是最先做自热食品的企业，但发展到现在却已然是大众心中最火的自热食品。

其次，自嗨锅的创始人蔡红亮对打造自嗨锅品牌可以说是功不可没。在决定创立自嗨锅之前，为了保证产品的品质，他花了很长一段时间来试吃火锅，然后在产品研发上尽最大努力还原和真实火锅一样的味道；为了保证食品的原汁原味和营养，自嗨锅采用先进的食材处理技术和优质的食品包装；为了丰富自己的产品种类，打造一人食餐饮标准，自嗨锅已引进200多个品类，并计划在火锅和麻辣香锅等产品的基础上推出重庆小面和武汉热干面等新产品，以满足更多消费者的需求。在保证产品优势之后，蔡红亮开始了他最擅长的营销，一个品牌要想以最快的速度走红，往往需要借助明星和娱乐的力量，自嗨锅最先请了林更新做代言人，之后又请大量明星在社交平台里"种草"自嗨锅，一时之间营造出了半个娱乐圈都在吃自嗨锅的既视感，粉丝们在偶像的引导下自然会去购买自嗨锅，知名度也很快就打开了；2019年之后，在电视剧、综艺，还有很多电影里面可以看到自嗨锅，无形之中就会被它吸引，所以它才会在短短几年时间有如此大的成就；2020年直播行业的热度不减，自嗨锅也抓住了这个机会，走进了直播间，当天的销售量超过了500万桶。

最后，自嗨锅虽然是电子商务品牌出身，在线上卖的火爆是一个加分点，但品牌并不想失去线下的消费者，所以从2018年年底开始，自嗨锅就大力发展线下渠道，做到线上线下齐发力。自嗨锅品牌在多重努力作用下，成为实实在在的知名"自热小火锅"。

总之，自嗨锅凭借品牌效应和多元化的产品种类成为火爆全网的"网红产品"，但在现今竞争如此激烈的市场中，网红产品要保持长久的生命力还需要付出更多的努力。自嗨锅有优势也有劣势，在价格方面跟其他同类品牌相比还是贵了一点点，这与它的成本投入巨大有一定的关系，未来如果能够在保持现有优势的前提下，在价格方面取得一定的优势，再抓住消费者的心理，不断完善自己的产品，自嗨锅一定能"嗨"得更久。

第二节　网红的粉丝运营

随着直播的热潮越来越汹涌，网红经济有了新的发展方向，粉丝经济这个词汇也更多地出现在人们的眼前。虽然这个词看着比较陌生，但实际上，这个经济学名词已经出现非常久了。粉丝经济的重点就是粉丝这两个字，如果没有这两个字，所谓的经济就是一个空谈。所以粉丝经济的前提一定是先有粉丝，后有经济。粉丝是网红的基石，粉丝群体的规模越大，其人气才会越高，这样才能将自己的社交资产变现。2020年2月YouTube中国网红粉丝数量Top6如图2-3所示。

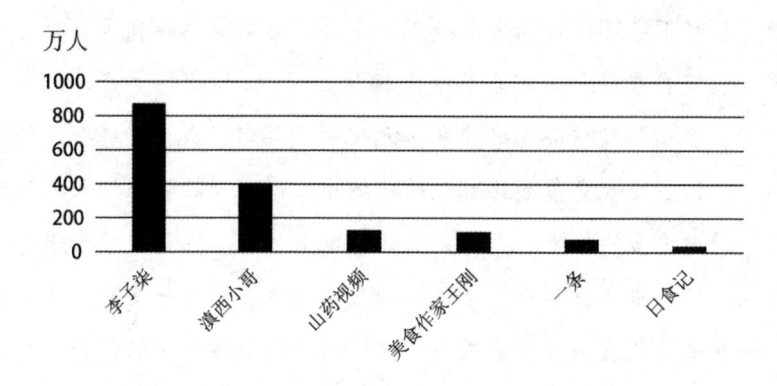

图2-3　2020年2月YouTube中国网红粉丝数量Top6

数据来源：艾媒咨询。

一、碎片化整合效应

随着人们生活水平的提高，科学技术的不断发展，传统的营销模式、消费结构及娱乐设施已经不能满足人们对物质生活的要求，手机、电脑、平板电脑等电子产品开始成为人们生活中的一部分，通过这些产品人们获取信息更加便捷，娱乐的方式也更加多样，人们在空闲时间的社交需求能够通过互联网得到满足。但在这个互联网逐渐发达的时代，成千上万的信息都通过各种媒介和传播方式进入大众的视野，时间久了大家就会发现，自己的生活已经被这些碎片化的信息占据了很大的一部分。

碎片化的字面含义是一个完整的东西被分成了无数个小碎片，但现在所说的碎片化则是指信息的不完全、时间的不完整。过去物质生活不充沛时，人们就是日出而作，日落而息，生活很简单，做一件事的时候不会分心去做另一件事。但在碎片化时代就不一样了，交通发达、交流便捷、各种科技产品使生活更加方便，所以人们在工作或者学习的时候常常不需要完整的时间，可以在零碎的时间里同时进行多项任务，并且不会互相产生影响。随着人们获取信息和交流的渠道越来越多样，社交、消费和学习等方面也被碎片化处理，开发出的各种软件占据了人们的碎片化时间。最明显的碎片化例子就是现在的大多数人，主要是年轻人，已经成为"低头族"，随时随地都离不开手机等电子产品，走路戴耳机听歌，公交车上逛淘宝、刷朋友圈，课间玩游戏、浏览微博，所以人们生活的碎片化很大一部分原因是因为手机等电子产品。

因此，现在已经不是生活和工作界限分明的时代了，人们在做某一件事的时候，可以利用碎片化的时间来享受生活，得到一定的精神上的满足，同样在生活中，人们也可以利用碎片化的时间来做一些商务工作，两者之间的关系越来越紧密。互联网将人们的生活碎片化，是因为消费群体的观念发生了转变，所以需要以客观理性的态度看待这种转变，调整自己的营销方式，对散落的消费群体进行整合，发挥碎片化整合效应。

现在很多娱乐软件都是碎片化时代的产物，如微博就是一种碎片化信息的传播方式，用户在分享自己的情感和生活时，也会浏览到其他人的微博消息，通过转发别人的微博使信息得到扩散，而随着更多的人关注到某一信息，观点就会被慢慢集结，开始产生关注。抖音也是通过碎片化内容来满足大众的需求，但它的去中心化算法会根据用户的喜好推荐个性化的内容，吸引用户的注意力，占据了用户的碎片化时间，在抖音软件里可以通过转发作品，在评论区交流分享心得，渐渐产生了兴趣团体，还可以关注某用户以便浏览他的其他作品，无形之中成为一名粉丝。

网红积累粉丝就是利用了碎片化整合效应，因为人们每天面对的信息都是没有经过整理的碎片化信息，很难去找到自己真正感兴趣并且有效的信息，所以如果能够找准定位，长期坚持在某一社交软件或者网络平台上输出自己的观点，展示自己的特长，那么就能慢慢地积累粉丝。例如，很多微博大V就是先选择了一个定位，如情感、娱乐、美食和美妆等，然后保持一定的更新频率，逐步提高自己的发文质量，粉丝就慢慢地涨起来了。

不管是个人还是企业，要想吸引粉丝形成自己的"磁场"，首先就要专注在一个领域里，努力提高自己的内容质量和专业程度，让受众有心灵契合的感觉，这样才能不断地得到粉丝的关注。如果盲目输出各方面的内容，虽然数量提上去了，但内容的质量无法保证，对粉丝来说就没有什么吸引力，不会仔细地去看，更别提关注了。

二、参与感及设计

对很多人来说，有参与感才拥有快乐，如果只是自己的一场独角戏，没有观众的鼓舞和反馈，即使自己表现得再好，跟别人分享喜悦的时候，也不能得到真心的赞美，因为他们没有融入你的活动里，体会不到你的心情，当然不会设身处地地给你回应，你也不会真的开心。互联网之所以让人沉迷就是因为通过它能获得很强的参与感，各种网络平台和软件都有点赞、评论、转发等功能，我们可以为自己感兴趣的内容点赞，在评论区与网友交流自己的看法，把内容转发到自己的朋友圈或私发给好友，与别人一起分享。同样的我们也可以在网上发布自己的创作作品，不管是文字、图片，还是视频，都在一定程度上展示了自己特别的一面，通过与网友互动交流，接受他们的赞美与批评，逐渐构建了友情的桥梁，收获了很多欢乐。正是因为有很强的参与感，我们才会对网络产生依赖，期望获得更多的快乐。

从微信朋友圈晒图这个行为就可以看出人都希望晒存在感，但大多数可能不是为了炫耀自己的生活有多潇洒，自己有多厉害，而是希望他们能够参与进来，感受自己的喜怒哀乐，一起交流感情，如果你只是发了条朋友圈，对网友的点赞、评论都没有任何回应的话，那会让他们觉得没有参与感，时间一久你的朋友圈就对他们没有吸引力了，转而寻找别的感兴趣的东西。所以网红的粉丝运营一定要注重培养参与感，只有让大家都能够参与到你的活动中来，才能积累更多的粉丝。

长沙的某奶茶店为了让消费者更多地参与到门店的运营中，每月都会发布自己的卫生检查报告，让消费者加入对工作人员和环境卫生的监督工作中，开业至今一直都保持着这个惯例，消费者为了自身的安全利益，也会积极地参与，在发挥监督和提出意见的过程中，参与感大大提升了，因此也获得了更多的关注，人气飙升。

坚持互动也是提升公众参与感的一个重要法宝，只有保持有效的互动才能让参与者感受到参与感，拉近彼此的心理距离。所以在很多社交平台里，如微博、抖音和知乎，经常保持互动的作者通常能够引起更多人的参与和关注，在收获良好口碑的同时积累了更多粉丝。

除了加强内容质量、坚持互动之外，开放设计环节也能让粉丝感受到满满的参与感，因为让粉丝参与设计就相当于让他成为一个实际的设计师，不再是网络虚拟环境里的一个旁观者，这会让参与感得到质的提升，最终培养出自己的粉丝。现在很多拍摄短视频的作者，如现在流行的美妆短视频，每一期都会邀请来自全国各地的粉丝来做嘉宾，没有明星光环的人会更接地气，画出来的妆也更加真实，为了更好的效果也可以给化妆师提出一些意见，最后成果出来自己也能得到和看短视频不一样的体验，回去就会跟亲朋好友分享传播，无形中吸引了更多的粉丝。

韩国在拍偶像剧这方面一直都很厉害，剧情紧凑不拖拉，所以很多人爱看韩剧，但韩剧的拍摄手法跟我们中国不一样，大多数电视剧是边拍边播，此种方法可以根据观众的反应或者意见及时调整后续的拍摄内容，最特别的是大结局的内容会让观众提供点子，然后选取合适的点子进行拍摄，给足了观众参与感，这样从开拍到播完都能得到大量粉丝的关注，为电视剧本身带来很高的热度。

网红经济专栏3

家喻户晓的网红零食

三只松鼠是2012年创立的一家以研发、销售为一体的互联网品牌公司，主要的运营产品是坚果和干果等小零食。它们通过9年的努力，从一家普通企业变成互联网网红零食企业，他们独到的成功秘诀是什么呢？

首先，三只松鼠选择从坚果类零食开始做起，抓住了当代年轻人的胃，且创立之初这类行业的竞争相对较少，电商行业刚刚起步，掌握了先发优势。

其次，三只松鼠的标签独具特色，精致的包装、可爱的形象、值得信赖的品质，为它赢得了更多消费者。同时，良好的营销是它能打开知名度的重要原因。三只松鼠一直都致力于打造自己的IP，使自己的品牌能够更具有特色价值，为此它专门请人设计了一款三只松鼠动漫形象的品牌Logo，萌是它的特点，一方面能加深消费者对商品的印象，另一方面也能增加消费者的购买意愿。之后公司推出了牙膏、眼罩和抱枕等各种带有三只松鼠形象的周边产品，加上3D动画《三只松鼠》的助力，使自己的IP形象更加巩固，传播的范围也更加宽广。细心的观众还会发现，近几年的电视剧里常常出现三只松鼠的身影，也就是所谓的广告植入，演员们把三只松鼠当成日常小零食或者家居装饰品，无形中就为它营销了一把，这比拍广告的效果要好得多，不少人因此而去了解并购买。

最后，三只松鼠举办五周年庆典的时候，宣布进入服装行业，打造松鼠世界潮牌服饰，包括T恤、包包、帽子及手机壳等，进一步提升品牌知名度。

总之，电商平台在带给消费者便利的同时，也存在着一些困扰，如何才能让消费者拥有和线下消费一样的体验是不少企业一直在思考的问题，而三只松鼠在提升顾客体验这方面拥有成功的经验。凭借自身的努力加上互联网的助力，三只松鼠成功的把自己打造成了"网红零食"。

三、1000个忠粉原理

凯文·凯利（Kevin Kelly）提出1000个铁杆粉丝的社群理论，即1000个忠粉原理，在提出这个理论之前，他有一个著名的长尾理论，说的是在电商行业中，一个网站可以有无数的商品，即使有一些商品非常冷门，也总会有需要的人。而商场则不一样，场地的大小被限制了，所以只能摆出有限的商品，商家会尽量把好卖的商品摆出来，其他偏冷门的商品虽然有一些人会需要，但依然不会摆在商场中销售。就像每年服装店里的衣服一样，商家都会把今年流行的款式摆出来，而过气的或者不流行的款式则不会摆出来，即使有人不喜欢今年的流行款也没有用。但电商行业则可以解决这个问题，在网上可以找到各种各样的服装。

这个长尾理论对解决消费者的一些问题有很大的帮助，但也增加了创作者的压力，因为电商在提供更多选择的同时也增加了竞争，还有被迫降价的压力。对很多独立的艺术家、创作者来说，如歌手，如果是在实体店里卖唱片，店里可能只有100多个歌手的作品，一个歌手只需要跟其他100多个歌手竞争，压力相对来说更小。但随着互联网的发展，人们可以直接在网上下载音乐，而网上有成千上万的歌手，对单个歌手来说竞争是特别激烈的。为了帮助这些原创作者解决销量低和不出名的问题，凯文·凯利提出了1000个铁杆粉丝理论。

凯文·凯利认为像音乐家、设计师、摄影师、视频制作者和作家等创作者只要拥有了1000个铁杆粉丝就能获得稳定的收入，他说的铁杆粉丝和普通的粉丝不一样，铁杆粉丝是指不管你出了什么作品，她都愿意购买，通过各种渠道了解你的信息，时刻关注你的动态，还会积极地向身边的人推荐你，为你积累名气。按照他的假设，每个铁杆粉丝每年用来支持你的作品的钱差不多是她一天的工资，也有很多铁杆粉丝花更多的钱去支持。假如一个铁杆粉丝每年花100元支持你，那么有1000个铁杆粉丝你就会有10万元收入，如果收入多一点的铁杆粉丝，每年愿意为你花费300~400元的话，那收入就有30万~40万元了，对一个原创者来说足够支撑自己生活和创作了。

但作为一个自媒体作者或其他领域的创作者来说，吸引粉丝相对来说比较容易，但要积累到1000个愿意付费的粉丝是很难的，那要怎么办呢？

首先，创作者选择的领域一定要能突出自己的亮点，让粉丝为你所吸引，不能随便选择自己不擅长的东西来展示，这样只会达到反向的效果。

其次，创作者在确保自己内容品质的同时，也要注意自身素质和品德的培养，以内容吸引粉丝，以品质留住粉丝。

最后，创作者要培养原创性，不管是自身还是作品，都要做到与众不同，只有让粉丝真真切切地感受到你与别人的差别，才能不被轻易替代，这也是为什么很多网红都坚持原创的原因，因为坚持自我做出来的东西，跟模仿别人做出来的东西是完全不一样的性质，现今知识产权越来越普及，不管是从法律层面还是社会大众来说，对原创都会给予更多的尊重，粉丝也会更加偏爱你的作品。

所以，只要坚持用心去做，创作者的作品或者才华，包括人品，总有一天会得到更多粉丝的认可，久而久之，就能积累到自己的铁杆粉丝，从1个到10个，再到1000个，是完全有可能的。

四、个性化提升成就感

展现自我是人的一种本能，一个人的才能不管是平庸还是卓越，性格不管是内敛还是开朗，其内心深处都是渴望在别人面前展示自己的个性，从而吸引别人的注意，得到更多的认可和欣赏。

以前物质条件和交通设施都不发达，人们的生活圈子往往很小，解决个人温饱都是一个难题，更别说展示个性了。现在随着经济的发展，人们的物质生活得到了很大的提高，开始更多地追求精神上的满足，特别是希望能够彰显自己的个性，互联网和智能终端的开发给人们提供了一个平台，使大众可以在任何时间、任何地点通过电脑或手机等电子产品在各个社交平台上展示自己，突出自己的个性，显得与众不同，如有的人喜欢在朋友圈晒自己享受美食、外出旅游等生活上的点点滴滴，显示自己是个热爱生活的人；有的人则喜欢在社交平台里分享一些自己的情感问题，一方面是宣泄心中的苦闷，另一方面也是希望得到他人的关注。

但值得一提的是，人们不仅仅喜欢展示自己的个性，还喜欢欣赏别人的个性，如个性化的行为、语言和穿戴等，那些充满个性化亮点的社交达人往往更有机会成为网红。人们在网上浏览各种信息的时候，往往可以通过你发布的一些文字、图片和视频了解到你的个性，同时你也可以通过别人在社交平台上的言论概括出他的性格特点，人们会对那些符合自己兴趣的人产生更多的关注。只有那些能让别人产生兴趣的东西才会让人有进一步了解的想法，如果你每天在朋友圈里发的都是微商广告，或者是一些平平无奇的内容，别人对你的东西不感兴趣，那么它就会像一粒尘埃落进信息海洋中毫无波澜，所以只有充分展现出自己的个性，显示自己与别人的差异，给大众留下深刻的印象，才能增加人气，吸引更多粉丝的关注。

网红之所以能够吸引大量的粉丝，其中一个原因就是他们的个性突出，他们在互联网上展现了自己个性的一面，网友们被他们的个性深深吸引，从他们的个性中找到了自己的归属感，所以成为他们的粉丝。

很多商家也看到了产品个性化的重要性，所以在营销产品时会重点突出它的个性，让它出现在消费者眼前时能够迅速抓住他们的眼球，进而吸引他们对产品深入了解，加深对品牌的印象，渐渐地积累粉丝。

江小白是近几年活跃在各大市场的一款白酒，人们对白酒的印象大多数是味道浓烈，价格偏贵，对酒量不好的人来说是不会轻易尝试的，所以很多年轻人都会选择啤酒。江小白的创立就是针对年轻人消费市场，为了迎合年轻人的喜好，在产品设计上进行了改良，江小白的口感清淡，度数低，很受年轻人喜欢。这个改良个性也把江小白和众多白酒品牌区分开，凭借年轻、时尚的品牌形象，江小白现在已经占领了大部分年轻人市场，积累了很多粉丝。

但并不是所有的个性都可以吸引粉丝。有些负能量的个性可能会吸引别人的关注，但不会为自己积累粉丝，反而会给自己带来很多的消极影响。所以，不管是企业还是个人，在展示自己个性的时候，一定要遵从道德标准，塑造积极正面、有亲和力的形象，这样才有可能抓住大众的眼球，吸引更多人的关注，积累更多的粉丝。

第三节　网红社交资产变现

随着科学技术的进步和互联网的迅速发展，现在网红们的目标不仅仅是出名这么简单了，如何利用自己已有的粉丝群体和超高人气赚钱才是他们追求的事情，现在网红们变现的方式也是各种各样，各有其优势。相比以前的广告变现，现在主要的变现模式是直播带货和短视频变现，其中有不少人获得了不小的成就，为网红经济的发展贡献了一份力量。

一、"网红+电商"变现模式

网红之所以要积累庞大的粉丝群体，就是为了将自己的流量变现，以获取一定的收益，电商则为网红的变现提供了一个好的平台，不同于传统的电商营销方式，网红们通过直播进行传播，不仅带来比图片销售更好的效果，还增加了与消费者的互动，提供了一个实时的销售渠道，带来不一样的线上消费体验。"网红+电商"的模式是合理利用自身流量的一种方式，为电商平台增加销售量，现在也有越来越多的人加入这一行列。

目前，网红通过电商变现是比较常见的方式，如在直播间卖货、自己开店、为电商企业代言及在创作内容中插入电商的链接等方式都是网红获得收益的来源，近两年李佳琦和薇娅等人在直播带货方面取得了很大的成就，也为电商和网红的融合提供了新的发展模式，促进了网红变现的发展。在很多平台里网红都会在自己的创作中推荐各种各样的商品，提供相应的链接，推广商品的同时也增加了自己的收入。"网红+电商"的变现模式对促进网红经济的发展有很大的积极作用。2019年网红电商、社交电商、传统电商转化率如图2-4所示。

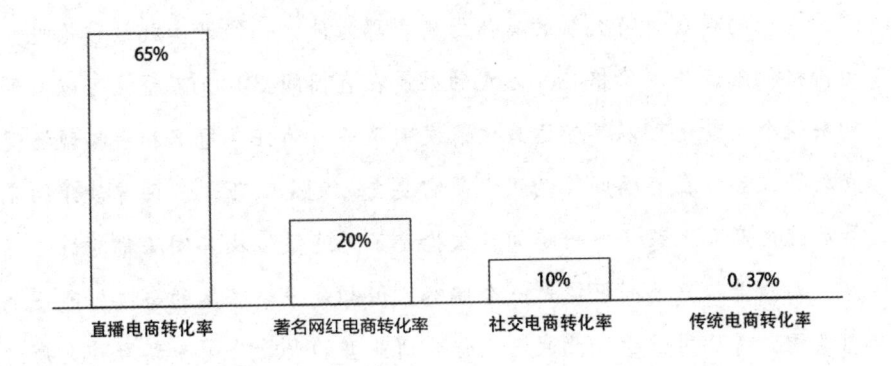

图2-4　2019年网红电商、社交电商、传统电商转化率

网红经济专栏4

"淘宝一姐"薇娅直播卖火箭

　　自从直播大火之后，最常看到的商品就是美妆护肤品还有服饰了，那你听说过在直播间里卖火箭的吗？薇娅就让你见识到了，2020年4月1日，薇娅的直播间要卖火箭的消息传来，大家都怀疑这是个愚人节恶作剧，但愚人节是真的，卖火箭也是真的，4000万元一枚的火箭，居然被秒抢。据悉，薇娅卖出的快舟一号甲运载火箭，是由航天科工火箭技术有限公司制造的，成立至今已经成功发射了8次火箭，这次提供的是一枚小型的能承载货物飞出大气层的固体运载火箭，这也是火箭第一次出现在直播间里进

行售卖。

在这次特殊的直播中，薇娅与航天科工火箭技术有限公司的曹梦连线，由他向观众讲解火箭的具体信息。那为什么一经开卖就被秒抢呢？因为价格优惠，原定价格4500万元的火箭在直播间里4000万元就可以买到，购买这个火箭还可以享受运载火箭发射服务，为任务冠名和亲临现场观摩发射等服务。在直播间里购买火箭需要支付定金50万元。由曹梦介绍完火箭后就把产品上架了，一瞬间就被抢光了。连薇娅及其团队都觉得不可思议。火箭进入直播间好像是一个偶然，但却是一个必然的事情，第一个原因是该火箭公司位于湖北武汉，作为商业型的火箭公司受新冠肺炎疫情影响财务压力特别大，所以随着疫情形势慢慢好转，企业借助淘宝直播的线上优势为线下助力。第二个原因是希望通过直播能够让大众了解更多航天知识，在传统观点里航天事业一直是一个高端的行业，离人们的生活非常遥远，但今时不同往日，航天航空正向大众靠近，如2019年日本一家航天机构发射了可以造流星雨的超小型卫星。如果靠讲座宣传的方式可能没有多少人会听，但通过淘宝直播进行科普可以达到事半功倍的效果，且让大家知道航天事业是每个人都可以参与的，众筹卫星也是可行的。从最初的卖衣服到卖美妆产品，从卖房子到卖火箭，有人不经想还有什么是淘宝直播不能卖的，可能真的没有了。在淘宝直播间里，不只网红可以带货，就连商家自己拿起手机也可以做直播，自从2020年2月11日淘宝宣布所有线下商家和没有淘宝店的商家都能零门槛开通直播起，就掀起了一股直播的热潮，一个月中就有超过100种职业加入淘宝直播。

总之，除了带货之外，直播与人们的生活越来越紧密相连，很多小众的商品渐渐走向大众化，本来大众的产品则变得火爆。直播的场景也越来越多元化，如场景化的消费，一般消费者只能看到玉石和珍珠等宝石的成品，通过直播珍珠的养殖过程、珍珠的开蚌和珍珠的打磨等场景，让消费者有种参与了全过程的感觉；又如场景化的营销，西安碑林博物馆在新冠肺炎疫情期间通过淘宝直播讲解碑林而一炮走红，关注其官方旗舰店的粉丝增加了一万多人；再如场景化的科普，2019年10月15日，网红主播薇娅向袁隆平学习有关海水稻的知识后，在第二天晚上直播时，她一边煮袁米饭，一边跟粉丝科普海水稻，当天40000份袁米饭都被抢光了。卖火箭也是一次场景化的直播，让观众们参与购买火箭的过程，尽管对很多人来说买不起，也不一定会买，但最起码是一次特别的体验，观众们对火箭及航天事业有了更多的了解。

二、"网红+视频"变现模式

网红通过短视频变现也是一种常见的模式，首先受众在观看视频时如果觉得很棒就可能会打赏，粉丝量多的话就是一笔不小的收入；其次网红在短视频里插入一些衣服、首饰或者零食来带货，影响力大的网红一个月能有几千万元的销售额；最后一个大家都比较熟悉了，网红积累到一定的粉丝量后就会接一些广告，通过这个赚取一些收入。

以前的小视频里大多数是一些搞笑的没有什么营养的内容，所以大多数网红都是火一段时间就销声匿迹了，往往不能长久的发展，但随着越来越多人入驻短视频，在激烈竞争下迫使创作者提高视频质量，丰富视频内容，以吸引更多的粉丝。以李子柒为代表的美食短视频创作者就是一个很好的例子，既有内容又有意义，不是一味地哗众取宠，而是与人们心灵契合，所以她才能走出国门，收获如此多的粉丝。除了李子柒以外，各行各业都有很多优秀的短视频创作者，他们因此都取得了不小的成就，并通过各种方式将自己的流量进行变现，增加自己的收入。

三、"网红+社交"变现模式

网红一般都拥有一个比较大的粉丝群体，要善于利用社交变现这个模式，很多微博大V、知名博主在自己的社交软件里分享一些好物，往往能够吸引很多人去购买，所以就会有很多广告商找到他们，希望能够用他们的影响力为产品推广，广告就是网红们利用社交得到的重要收入来源之一。还有现在非常流行的直播也是一种常见的社交变现模式，通过与粉丝交流互动获得打赏，或者通过直播带货盈利都是网红们的变现方式。

网络是一个虚拟的事物，人们都是通过网络交流，利用互联网发展自己的社交是一个网红必须要做的事情，因为你无法想象人与人之间的传播速度会有多快，当你积累到一定的粉丝量后，可能无意间推荐的一个产品就会被一传十、十传百的宣传开来，这带动的可能是一整条产业链的发展，企业家也会看到你身上的这种力量，让你帮忙推广产品，这就是社交变现的一个方式。

四、"网红+IP衍生品"变现模式

网红在成名之后往往会根据自己的IP打造出一系列的IP衍生品，以此来促进自己的流量变现，如李子柒就创建了以自己名字为品牌的一系列

美食。很多动漫公司也会通过制作一系列周边产品来深化IP形象，如熊本熊、一禅小和尚等，在互联网和实体店都能瞧见它们的身影。当然如果影响力达到一定程度的话，它们也会通过IP授权来增加自己的收入。

虚拟IP的投入往往非常巨大，企业家为了营利则会通过各种方法增加其价值，打造网红IP之后其庞大的粉丝群体就是其利润来源，很多影视作品火了之后，也会打造一系列的海报、挂饰、摆件等周边产品，通过销售这些周边产品获取一定的收益，甚至还会将自己的IP授权给其他品牌，供其使用，达到互利共赢的效果，不仅获得了营利，还间接提高了自身IP的曝光度，但依靠这种方式变现的网红IP往往要经过很长一段时间才能达到预期。

章末案例

卖课爆赚8500万元

2016年被称为是"知识付费元年"，随着互联网的不断发展，对知识的需求逐渐升级，传统的学校教育和看书已经满足不了这种需求，对需要学习其他方面专业知识的人，特别是上班族，不可能放弃自己的工作去学校上课，那么只能利用碎片化的时间通过互联网学习。很多作者通过知识付费这个新的经济手段获得了一定的收益，而至今让人印象深刻的一位作者就是薛兆丰。一位经历传奇的经济学家，毕业于深圳大学应用数学系，曾任北京大学国家发展研究院研究员、院聘教授。2017年，他在得到APP上开设了专栏《薛兆丰的经济学课》，这是一个知识付费平台，截至2019

年，40多万人订阅他的专栏，按每人199元来算，其收入约有8500万元，销量在APP中占据领先位置，由此他也成为了一名炙手可热的经济学家。

在这个信息繁杂、充满娱乐的时代，不要说普通人和专家学者了，可能就连薛兆丰自己都想不到可以凭借经济学实现经济自由，进而走进全国观众的视野，成为一个网络红人。他的成功让很多人都觉得不可思议，知识付费平台上那么多专栏作者，为什么他的课可以卖得这么火，是靠什么做到的呢？

要分析一个人的成功，首先要了解他的过去。薛兆丰于1968年出生，本科读的专业是应用数学。1991年从深圳大学毕业后，有一段时间在梅森大学教《法律经济学》这门课。2010年，薛兆丰担任北京大学国家发展研究院研究员、院聘教授，负责教授与法律经济学相关的课程，在过去的10年时间里，他在各个刊物上发表了多篇经济评论和文章，逻辑清晰，用词精准，没有那么多深奥的理论，让人一看就能读懂，不少学生都被他的文章所吸引。2017年，薛兆丰在得到APP开设专栏。他的课虽然是经济学，但跟人们印象中那些索然无味的理论完全不一样，是更加接地气的经济学，如果单纯地看著作、背理论，那可能只能学到一点皮毛，学习知识最重要的是能够去运用它，转化为自己的东西，所以他的课里更多的是接近现实生活的热门话题或例子，用通俗易懂的语言去分析解释其成因和后果，显得更加生动形象，没有那么枯燥，又可以加深对理论知识的理解和运用。

随着专栏订阅人数的增多，他的收入也慢慢增加，名气也跟着上涨，2018年担任《奇葩说》的导师后，收获了大量粉丝，成为一名网红。

作为一个网红经济学家，薛兆丰的走红也引来了很多争议。他表示自己的课最大的意义就是消除知识的神秘感，要让经济学成为一门接地气的学科。薛兆丰认为，即使再高深的知识也能清楚地表达出来，如果一味地讲究高端化，让别人看不懂，也挑不出毛病，那在如今这个时代只会越来越没有市场。有自己的个性特点，善于将经济学与现实生活相联系，讲课通俗易懂，是薛兆丰的课能卖得如此火爆的原因之一，但仔细观察这个人就会发现，知识付费平台的出现只是他人生的一个跳板，在那之前，他已经做好了充足的准备。薛兆丰很早之前就意识到了互联网的重要性，所以他一直活跃在各种网络论坛里，与各种专家学者交流学术思想，坚持发表文章、评论，充分表达自己的想法，长达20多年的个人知识输出，让他打造了属于自己的品牌。创立专栏之后，他用创新的产品思维，把枯燥无味的经济学变得更加生动有趣，让更多人被吸引。之后他又写了《薛兆丰经济学讲义》这本书，并且在北京的网红地标三源里菜市场举办发布会，如此特别的想法成功地把自己的热度提了上去。

薛兆丰善于利用互联网抓住现代人的思维，用别具一格的讲课方法吸引用户，加上自身的人格魅力，他的成功是必然的，或许更多专家学者可以从他的身上学到一些新的东西，让更多专业知识走向大众，而自己也能通过知识付费平台获得一定的收益。

本章小结

随着数字经济的不断发展，其已经成为我国经济发展的强大动力，而网红经济作为数字时代涌现的新型产业，未来的发展潜力是巨大的。为了促进网红经济向着更好的方向发展，政府部门要加大监管力度，保护消费者权益，维护市场秩序；网红要不断丰富自己的内容与推广形式，充分构建良好的粉丝互动平台，实现双向交流，从而培养一大批忠实粉丝，加快自身流量变现；消费者要以更加开放包容的眼光看待网红经济，充分参与网红经济；科技龙头企业要不断进行技术升级与创新，提供更多平台，为网红经济不断赋能。可以预期的是，未来在多方共同努力之下，我国的网红经济会迎来长期健康的可持续发展。

第三章
用户体验

海底捞之所以强大，核心竞争力是其独创的、能够激发员工创意、热情、积极性的一套海底捞人力资源体系，这是海底捞自己摸索尝试出来的，也是餐饮行业所独有的。

——海底捞执行董事　张勇

在实体经济中，人人都信奉"顾客就是上帝"这句话，因此企业在消费者消费时，会尽可能地提供最好的服务来满足消费者的体验，只有这样企业才有发展的可能。随着数字经济时代的到来，网络电商逐渐成为潮流，企业的商业模式也有了变化，不是单单局限于线下实体的经营，更多的企业开始将线下和线上相结合，让用户有更多的渠道来接触到产品，得到更好的用户体验。那么，在新的时代背景下，企业是否还需要重视用户体验呢？答案必然是肯定的，无论何时"用户至上"永远都不会过时。本章主要讲述数字经济时代下应如何重新认识用户体验，探寻提高用户体验之路。

开章案例

4年拿下7000万用户

2014年12月中旬,一家名叫微众银行的民营银行诞生了,它由腾讯与百业源、立业集团等著名民营企业共同创立,是国内率先成立的互联网银行。微众银行的"微众"即指该银行面向的用户单位较小、受众群体广,主要指的是小微企业和个人,它把普惠金融作为目标,作为传统银行的"补充者"向用户提供金融服务。

在如今的金融科技市场上,出现了越来越多的金融产品,各自也都参差不齐,但微粒贷却在众多产品中获得一致好评,这是因为微粒贷前进的脚步从未停下,在微粒贷解决了此类产品的"通病"之后,并没有满足于现状,而是看得更多,走得更远。微粒贷关注用户的使用体验,将产品打造得更加人性化,具有自己的独特优势,并将每一个优势都做到了极致。

首先,"快"到了极致。微粒贷的"快"集中体现在"513"模式上,即用户在使用微粒贷时5秒就能完成贷款申请,后台1分钟审核完毕,款项最慢3分钟就可到用户账上。为了能将快做到极致,微众银行拥有2300TPS(每秒处理事务数)的交易处理能力,300毫秒就可完成交易,授信、审批之快只需2.4秒,资金到账时间最快40秒,通常用户在提交贷款申请后,喝口水、看个视频的时间资金就可到达账户。人们总会有急需钱的时候,而那时身边又无法短时间筹措到那么多资金,若信用良好,微粒贷对他们来说就是一个最好的选择,人们可以在微粒贷上快速获得资金解决需求。

其次,"以人为本"到了极致。微粒贷以用户为中心,通过各种方式满足各种用户的需求。第一，覆盖人群广，涵盖了全国31个省、市、自治区中各行各业的从业人员，就连传统银行难以覆盖的长尾客群也考虑到了。第二，与传统银行不同，微粒贷是24小时服务，也不存在周末休息，根据后台数据显示，非工作时间的借款申请已经占比达到一半。第三，为了让提供的服务能够顺畅、平稳，微众银行在深圳设立了多个数据中心，各数据之间进行相互备份，以此避免遇到意外情况而造成数据遗失的严重后果。

最后，"产品优化"到了极致。每家企业都会隔一段时间就更新迭代自己的产品，微粒贷也一样，为用户提供更好的使用体验，微粒贷也一直在通过创新来进一步优化，在优化的过程中不断地发现问题并解决问题，提升自身的运行效率。"快"是微粒贷的优势之一，而这优势主要来源于微粒贷对科技创新的重视。为了让微众银行的各项业务能够顺利开展，每个产品能得到更好的优化，其对研发很看重，每年持续投入科技研发，并且工作人员中有一半以上是科技人员。近年，微粒贷对人脸识别和AI的投入有所加大，将用户的使用流程更加简化，也更优化了用户体验。用户在借款过程中需要进行信息核实，为缩短审核时间，微粒贷利用生物识别技术建立了微信版实名人信息校验能力。用户只需要打开手机通过拍摄自己的正脸即可完成人脸识别。在采用了人脸识别技术之后，微粒贷更能保证用户操作的安全性，缩短了用户实名认证时间，使用户的线上体验得到优化，同时对微粒贷来说，减少了在借贷过程中的人工成本和时间成本。另外，微粒贷还采用了人工智能客服，现在人工智能客服在客户服务中发挥着重要作用。据微众银行介绍，1个人工智能客服加上8个人工客服就能满足用户服务。微粒贷每天接收的信息量有90万条之多，其中90%以上的信息由人工智能客服处理，如果没有人工智能客服，这些工作量就需要400个人工客服连续工作10个小时才能完成。微粒贷在保证服务质量的情况下使用人工智能客服代替人工客服，这一措施无疑大大降低了人工成本，以超低成本满足用户的需求，在追求更多利润的同时也提高了用户体验。微粒贷通过科技创新投入，对产品进行科技赋能，使用户对金融有了新的体验，提高了效率，以及把高固定成本、低变动成本这一种新的结构模式带进了普惠金融，为金融产品实现快速复制和规模效益提高了经验，使金融产业有了更多的活力和想象空间。

综观市场，所有的竞争都是企业产品之间的竞争。在与众多金融产品的竞争中，微粒贷始终站在用户角度上，解决相似产品的"通病"及打造、优化自己的独特优势，并通过优化用户体验来提高产品竞争力。2019年1月，微粒贷凭借给用户提供优秀的体验获得"2019胡润新金融最佳用户体验奖"。所以说，在众多互联网银行中微众银行能脱颖而出绝不是偶然。

第一节　认识用户体验

用户体验，它已经被人们重视很长时间了，人们第一次听说它是在20世纪90年代中期，那时一位名叫唐诺曼的先生研究和设计一系列需要符合以用户为中心要求的产品，在此契机下，用户体验这一词被唐诺曼提出和推广。唐诺曼认为一个好的产品，用户在体验它时会感受到愉悦，产品可以增强用户心灵上和思想上的感受，因此用户会想去拥有并使用它。

对消费者来说，在使用任何一样产品的时候都会产生感受。例如，当消费者购买一杯奶茶，店家点单的快慢、服务员态度的好坏、店面装修环境的舒适度等一系列因素都会影响消费者的体验。消费者随时可能因为店家某一细节没做好，使店家在消费者心里的印象分大大降低，在互联网功能越发强大的今天，消费者很可能将自己不好的消费体验在网络上分享，影响大众对品牌的看法，从而降低品牌的口碑，一件微小的细节被放大，最后给企业造成巨大影响。

一、用户体验的重要性

1. 用户体验的重要性

酒香不怕巷子深，企业的产品做得好，用户就会口口相传；企业的产品做得不好，很快就会招来骂声一片。在信息传递速度惊人的今天，用户的话语权越来越强，用户体验在企业中的地位越来越高。同时，在互联网蓬勃发展的大背景下，市场上同类产品众多，它们大多拥有着相似的功能，都能满足用户的需求，哪个产品的用户体验做得好，哪个产品就能占据更多的市场。在这种情况下，企业的竞争重点自然而然就转至用户体验。因此，企业也越来越重视用户的体验效果，通过改善用户的体验感受来提高产品在市场中的竞争力，并从中获得效益。

2. 用户体验层级

杰西·詹姆斯·加特勒（Jesse James Garrett）在其经典著作《用户

体验要素》中，描述了用户体验的定义及其重要性，并将用户体验层级分为五层，分别为表现层、框架层、结构层、范围层、战略层（见图3-1）。用户在体验产品时通常以这样一个顺序得到相应的感受，用户在各个层级中分别得到的具体感受如下。

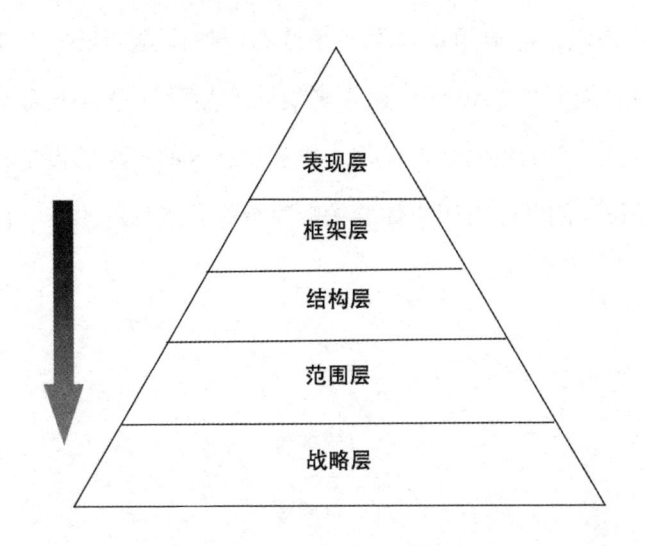

图3-1　用户体验层级

第一，表现层：用户在看到产品的第一眼时，其给用户留下的第一印象。这里的第一印象主要是指产品的外观、包装给用户带来的感受。

第二，框架层：当用户初步使用产品时，用户对产品的整体印象。例如，我们进入游戏界面后，用户首先就能感受到游戏的基础设计，如游戏画面的清晰度、流畅度等都会使用户产生不同的感受。

第三，结构层：用户开始使用产品后，其对产品的感知。它主要强调的是用户体验完之后的感受。

第四，范围层：用户对产品有一个全面的体验后，当用户更深入地使用某个功能时，用户就会对这个功能产生独有的感知。

第五，战略层：用户使用完产品后，其选择使用该产品的目标是否实现，即用户的需求是否得到满足。

对企业来说，能给用户提供一个好的用户体验是至关重要的，因此企业会格外的重视产品设计。通常来说，产品设计是自下而上的一个过程，先是给出一个抽象的功能设定，再逐步将这些抽象的设定转化为具体要求，产品设计的顺序与用户体验的顺序恰好是相反的。其具体顺序如图3-2所示。

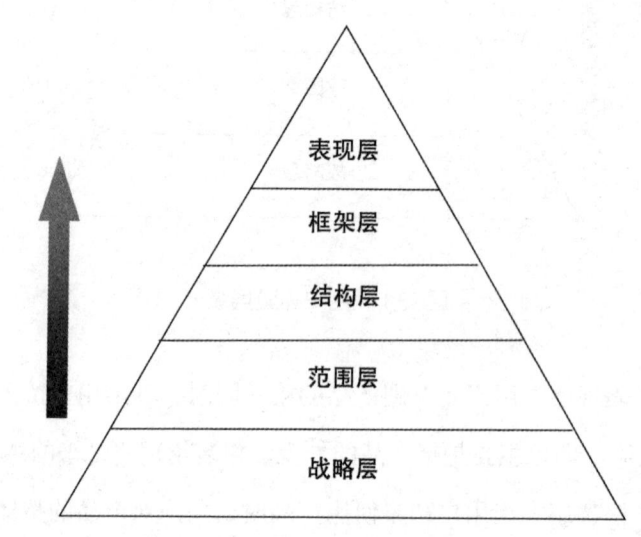

图3-2 产品设计层级

第一，战略层：这一层的主要任务是明确用户需求和产品目标。通常来说，用户有需求或者企业给用户创造需求，企业再通过设计、生产产品来满足用户需求。可以知道，企业是根据用户需求来生产并优化产品，因此企业运营一个产品首先就要明白通过设计、生产这个产品可以得到什么，用户通过使用产品是否可以满足自己的需求。

第二，范围层：主要是对产品进行功能设计，明确产品的内容需求。在上一层的基础上，将用户的需求和企业的产品目标相结合，得出企业生产的产品应该提供给用户什么样的内容和功能，把战略层变成了范围层。在这一层级上企业的任务即为明确自身应该"做什么"。

第三，结构层：它指的是产品具体的交互设计、设计构架。在上一层明确了该产品提供的内容和功能后，根据用户需求的不同，将这些内容与功能进行先后排列，让产品的概念结构有一个清晰的图像。

第四，框架层：这里指的是产品的具体设计，像互联网产品的信息设计、界面设计、导航设计就在这一层面确定下来。在框架层，主要通过用户对产品的需求及需求之间的相互关系把产品的内容和满足需求的功能做出具体的设计，得出产品的雏形。

第五，表现层：将内容、功能和美学汇集到一起产生一个最终设计，在产品设计师满足用户感受的前提下，把握好产品的整体设计，在完成前面四层所有目标的同时做好对产品的感知设计。例如，在产品设计中需要保持一致性，不会让用户迷惑，让用户能更准确地把握企业传递的信息。

3. 用户体验品质

在分别了解用户对产品体验和产品设计层次后，再回到产品本身，了解产品的用户体验品质。决定用户体验品质的是基础质量、绩效质量和兴奋品质三种。

首先,基础质量。它指的是产品的最基本功能,也是用户期望的产品基本功能。消费者购买商品总是奔着基本功能去的,买笔主要是因为它提供的书写功能,其次才是它的外观和包装精致;买水先是因为口渴,为了满足生理需求,然后才会考虑口味、包装等。因此,企业在设计产品时,应关注产品的基础质量,只有基础质量做好了,才能保证用户的基本体验。

其次,绩效质量。它对企业KPI(关键绩效指标)具有直接的积极影响。在一个企业的产品团队中,KPI是他们谈论最多的指标之一,每个人都做了大量工作确保它们达到期望值。因此,公司往往最擅长的就是表现绩效质量。一般来说,在这些功能中提供最佳体验需要付出更多的精力和时间才能提高用户满意度。在产品有基础质量的保证下,产品绩效越高,给用户带来的体验就越好,产品就越受欢迎。例如,苹果、华为等手机品牌之所以能受到广大消费者的欢迎,正是因为绩效质量过硬。华为越来越受消费者的欢迎除了是国产这一原因外,绝大多数还是因为华为手机的性能好。企业将产品的绩效质量做好了,用户体验才会提高,

最后,兴奋品质,即能打动人心的品质。与其他类似产品相比,该产品的性能更加优秀,该品质能降低大多数消费者在购买商品时的犹豫不决。在企业新产品设计时大多会考虑产品相较于其他类似产品的特别之处,并与之区别开来,或者做出突破性创新,给消费者带来一个全新的产品。产品有打动人心的品质还不够,如果能在营销时结合产品的创新点和优势采用独特的销售主张,激起消费者的消费欲望,这将不仅提高用户体

验，还给创新产品提供了更多机会。

二、用户体验三要素

　　用户体验对企业来说是非常重要的，只有给消费者提供一个好的用户体验，企业才有成功的可能。企业在做产品设计时必须要做好用户体验，将用户摆放在中心位置，根据掌握的用户需求，并联系其特定的使用场景给予用户最好的体验，总的来说就三点：以用户为中心、以情景为坐标、以需求为导向。

　　第一，以用户为中心，即企业的产品设计要以用户为中心。在任何时代，以用户为中心都是企业必须遵循的原则，可以说用户就是企业发展的原动力。只有把用户放在工作的中心，提供让用户满意的服务，才能让用户成为企业发展的驱动力。那么，怎样才算做到了"以用户为中心"呢？其实评判的标准很简单，企业提供的产品服务是否完善是最基础的一点，还有就是在当客户利益和企业利益冲突的时候，企业是否以用户利益为重，若能做到保护客户利益为先，才算做到了以用户为中心。

　　第二，以情景为坐标。用户对产品的使用都应该是在一定的使用情景之下，想要做好更多的用户体验，企业就要还原一个产品的使用情景，通过给予用户更多、更好的产品实际使用的情景来改善和提高用户体验。企业能够从环境情景和人文情境中还原产品的使用。环境情景主要指一个用户周围的环境，包括水土壤、天气等条件，即自然环境，其主要是广义上泛指环绕在用户周围的一种自然因子，而社会环境则是泛指用户身处的地点及周围的一切人为因子。产品设计师需要找到用户在使用产品时最舒适的使用情景，照顾到用户多方面的情感，给予用户使用产品最好的外部环境，否则只凭脑海里的臆想，无法满足用户真实的需求。

第三，以需求为导向，即根据用户的需求方向，给用户提供最好的用户体验。提高用户体验，首先得知道用户的需求。了解用户的需求，但不能随意臆想用户的需求，在日常工作中人们总是习惯性地把自己的想法当成大家的想法，不够客观，没有认识到每个用户的体验都有主观性和个体差异性，设计师不能根据自身或部分人群的经验知识、行为方式、认知模式来界定用户体验设计，要重视用户的实际需求，面对不同的用户群体提供不同的用户体验设计。

三、用户场景体验

谈到用户体验，就不得不涉及用户消费场景。越来越多的企业开始通过创造出更多的场景来进行营销，使企业的产品可以更加贴近客户需求，服务也能更深入用户生活，从而将企业与用户的距离缩短。企业将用户产品体验的情景作为营销对象，通过满足用户在使用产品时对外部场景的需求来提高用户体验，以此来获得用户的青睐。由于时代科技的进步，人们已经习惯通过使用互联网来满足生活、学习和娱乐需求，可以说人们的生活已经离不开网络。在此现实基础上，企业在做场景营销时开始注重做好互联网场景。

场景营销按人们生活的场景可分为现实生活场景营销和互联网生活场景营销。生活场景营销指的是在日常生活中用户在不同场合、不同条件下的场景营销。企业根据不同的消费场景做出相应的场景营销规划，只有产品场景营销活动与人们的现实生活密切相关，才能使用户更容易接受甚至产生共鸣，从而提高用户体验。互联网场景营销同样也是根据用户生活场景来营销的，只不过是平常的生活场景转移到了互联网上。例如，当用户网购时，APP便会根据历史浏览记录推荐相关产品，引起用户更多的购买欲望，随着大数据的发展，APP可以很容易掌握用户的喜好，再根据用户喜好和消费水平来推荐对应价位的产品，让用户能更快速地找到想要的产品，从而提高用户体验。

企业若是给用户提供了一个好的用户场景，用户体验也会提高，企业可以通过以下三点优化用户场景。

首先，对场景有不同需求的用户进行细分，并采用差异化营销。同一产品对不同的用户、在不同的场景会带来不同的用户体验，抓住需求更高频的场景，同时对现有场景不断细分，才能带来新的场景价值。同时，注重消费需求之间的差异，以此将用户细分与分层做好，企业通过对市场的划分再进行差异化营销，给不同的市场开发不一样的营销方案，以此来满足用户的需求。每个用户都有自己的独特喜好，企业面对不一样的用户提供不用的用户场景，对用户来说，分层细分帮助用户更好地享受到他所需要并喜欢的体验和服务，使用户体验效用最大化，从而有利于吸引不同的用户。

其次，将场景化与差异化营销相结合。企业在制造场景时会根据不同的市场需求重新构造用户、产品、场景三者的关系。制造场景先是筛选细分市场，根据上一步的细分原则，对不同的群体构建不同的场景，然后在已有的渠道上，以客户实际可能的需求为重，努力挖掘新的场景，尽可能满足更多用户的场景体验，从而提高用户体验。用户的喜好会变化，因此企业要及时对已有场景进行重新审视并做出优化，尽可能提高场景的效果，使资源能得到更好的使用，同时让场景在提高用户体验上发挥出最大的效用。

最后，与用户建立情感链接。在前面，企业根据用户需求的不同运用了不同的用户场景体验，接下来就是将用户场景和用户需求建立联系，寻找两者之间的情感链接点，使用户只要在特定的场景、特定的时间段就能联想到企业的产品，同时用户对企业的好感度也会因情感链接的建立而增加。想要与用户建立链接，不是一件容易的事，企业要学会倾听用户对产品的意见和诉求，并做出实际改变，这样才能与客户搭建信任，使之成为企业与用户之间的情感桥梁，当用户在进行选择时会直接忽略其他相似的替代品，成为企业产品的忠实用户。

用户体验专栏1

场景营销"出圈"的喜茶

喜茶，起源于一条名叫江边里的小巷，凭借一杯芝士茶成为新茶饮的开创者。截至2020年10月，喜茶已在海内外50多个城市拥有超过590家门店。场景营销作为喜茶的数字营销方法，它是如何打造自己商业帝国的呢？

喜茶根据消费人群的不同，打造不同风格的茶饮实体店，如黑金店意为汲取黑金灵感、玩味摩登，旨在把消费者带入一种高级的消费氛围中；

粉色店里运用大量的粉色元素，整个店都是满满的少女感，它旨在唤起消费者的少女心。2020年10月，喜茶在深圳开了一家宠物友好主题店，作为率先开设宠物友好主题店的茶饮品牌，这一消息引发了社交网络媒体的大量关注。宠物友好主题店主要划分了就餐区、休闲区和宠物外摆区，在户外区提供猫砂和宠物便便箱、栓宠拉环和宠物沙盘等产品，让用户可以一边喝茶，一边照顾好愉快玩耍的宠物。宠物友好主题店在装修上也花费了很多心思，随处可见的萌宠标志，以及专门设计的以宠物为主题的插画墙，整体十分舒适和温馨，让用户沉浸式的体验到喜茶的宠物文化，同时也使店面萌趣十足。另外，考虑到小朋友的安全，店里的家具设计也使用了椭圆形。可以看出，喜茶对店面的每个设计都非常用心。

众所周知，随着经济的发展，人们的生活水平越来越高，对生活质量也有了更高的要求，人们更加追求精神上的满足，很多家庭和个人都开始通过养宠物来充实自己的精神世界。对新茶饮品牌来讲，年轻人是不可忽视的重要存在，而养宠物这一生活方式已经逐渐成为新一代年轻人的一种时尚，很多人都愿意在自己的宠物身上花钱，萌宠经济在近些年开始有了爆发式增长的趋势。根据《2019年中国宠物行业白皮书》显示，2019年中国城镇宠物（犬猫）消费市场已经突破2000亿元，出现了快速增长的态势。喜茶认识到从年轻人感兴趣的场景体验切入的重要性，注意到年轻人普遍喜爱宠物，因此打造了沉浸式的宠物友好主题店，为年轻人构建一个全新的萌宠社交空间，让他们在店里找到自我归属感，增加年轻人对喜茶这个品牌的好感度。

总之，随着时代不断发展，用户消费需求和审美需求一直在变化，要想让品牌始终受到年轻人的认可，在市场上有一席之地，品牌就需要根据用户不断变化的需求对自身进行升级，以适应新的消费环境和商业环境，以及应对营销场景的变化。近年来，喜茶正在不断升级场景空间，为线下实体店注入深入用户情感需求的新体验方式，以及通过拓展品类产品不断延伸消费场景。不难看出喜茶正在不断打破品牌原有边界，不断丰富IP内涵，建立多元化品牌发展路线，满足用户不同的需求和爱好。用户成为企业的忠实顾客，更多是因为对品牌的认同感，因此，品牌需要通过产品和场景持续输出背后的文化价值，提升用户认同感，在提升用户体验的同时又能增强品牌影响力。

第二节　用户体验的产品目标

在任何时代，以用户为中心，都是商业的本质。我们都知道做好用户体验的重要性，想要给予用户最好的使用体验。产品能否给予用户好的体验需要达到以下五个要求。

第一，要满足用户的使用需求。这是用户体验设计最重要的目标，也是一个产品被用户需要的最基本前提。任何用户购买产品都是因为使用它能满足需求。

第二，要让用户能够短时间掌握操作。产品操作简单易上手，用户能够以快捷的方式得到想要的效果，如果操作复杂很难上手，用户还没获得预期效用就会花费太多精力，可能直接会被"劝退"。

第三，要让用户享受体验的过程。无论是购买产品的过程，还是使用的过程，用户能否以一个愉悦的状态享受这些过程是很重要的。

第四，要让产品成为用户的习惯。用户在使用产品后，该产品要有足够的吸引力让用户回购，成为用户一个习惯消费的产品，甚至让用户戒不掉对它的使用。

第五，让用户主动"种草"他人。用户在使用这款产品后，其优质的用户体验让用户向身边人推荐这款产品，主动成为产品的推广者。

企业做好用户体验的产品目标主要是为了商业目标的实现和品牌识别的建立，接下来就分别介绍一下商业目标、品牌识别及用户体验的成功标准。

一、商业目标

商业目标，指的是企业做一款产品的核心目标，公司经营产品、优化产品、围绕产品所做的一切行动都是为了推动这一目标实现。就像每年的"双11"，淘宝都会有大量活动，如密令红包、叠猫猫、一系列的品牌曝光活动、店铺涨粉活动、线下门店引流活动等，都是为了最后的商业目标，即"双11"当晚的销售额。

在大多数人的眼里，企业的商业目标就是利润最大化，但真正的商业目标是指企业遵循商业指向和业务需求而指定的目标，其运营是有明确的结果导向的，现实中企业的商业目标不仅有关注利润的，还有关注销售收入、市场份额、用户满意度等方面。对产品的用户体验来说，它最注重实现用户价值，满足用户的需求。在数字经济时代下，用户体验对企业的重要性程度越来越高，无论企业的商业目标定义为利润收入还是市场份额或是其他，它的实现都与产品的用户体验有关。

不同的企业对用户体验与商业目标实现之间的关系有着不一样的认识，有时候企业提供好的用户体验是商业目标实现的前提，有时候两者存在冲突关系，企业需通过损害用户价值才能实现商业目标。产品经理作为企业与用户的纽带，他的任务就是找准企业商业目标与用户体验的平衡点，识别并解决用户需求。换言之，我们需要一个解决方案，可以通过充分挖掘资源的潜力来高效获客，并通过创造良好的用户体验，找到商业目标与用户体验的平衡点，促进企业的发展。

二、品牌识别

对品牌识别这一概念，不同的人有不同的看法。有的人认为，品牌识别的建立应该由品牌设计者来做，品牌设计者在此过程中要确定品牌的意义、目的和形象。有的人认为，建立品牌识别是为了让用户看到品牌就能联想到品牌的美好形象，那么用户对品牌旗下产品都会产生好感。还有的人认为，建立品牌识别是为了让用户能将这个企业的品牌与其他企业的品牌区别开来，隔断两个品牌之间的联想。综合来说，品牌识别就是看品牌的建立能否让其产品与其他产品区别开来，当品牌被描述或提及时，用户对该品牌做出的反应和知晓情况。

品牌识别在企业品牌创建及传播的过程中建立，既有深度也有广度。在品牌识别建立时，企业会从产品、企业、用户层面定义品牌，多方位诠释品牌核心价值，给用户打造丰满的品牌联想。用户有了丰满的品牌联想之后，就会对品牌产生美好印象。通常来说，一个企业必须有一个强势品牌，而强势品牌必然有丰满、鲜明的品牌识别。品牌识别的建立还和企业的营销活动息息相关，只有把品牌识别体系规划好，品牌核心价值才能有效落地，企业才能根据品牌核心价值做一些营销策划和活动。当品牌识别达到一定的程度，用户使用该品牌的产品时会给用户体验带来提升。

首先，确定品牌识别的具体内容。这一步是实施品牌识别系统的起点。企业要慎重做好品牌识别，以确保品牌识别的具体内容所表达的利益价值主张和用户利益价值主张相一致，只有这样企业的产品才能与用户产生共鸣。企业还需要注意让品牌与竞争对手存在差异性，让用户能更好地将不同的品牌区别开来。另外，企业建立的品牌识别还要能够反映企业能组织什么和希望做些什么，让用户通过了解品牌就能得到关于企业产品的相关信息。

其次，与用户建立联系。企业都希望能让用户和企业的品牌建立起一定的联系，就像生活中的人际关系一般。因此，企业通常都会赋予品牌人性化的特征，企业在产品宣传时就会将品牌的人性化特征传递给用户，以增强品牌在用户心中的印象，让品牌成为用户日常生活中的一部分。这可以使用户对品牌产生熟悉感，最终为用户的品牌忠诚奠定了基础。

最后，做好形象传播。在前面步骤中企业分别完成了定义品牌识别，与用户建立关系来深化品牌形象，但是这并不够，品牌形象要想得到用户的认同还需要进行大量的形象传播，企业可以采用多种方法进行品牌形象传播，如电视广告、代言宣传等。在形象传播时，企业要注意品牌设立的形象要始终一致，始终牢记企业品牌形象传播前就确定的传播目标受众是谁、传播什么内容和怎样进行传播，并且在后面的传播过程中也要始终牢记这三个基本问题。

在品牌识别建立过程中，企业品牌传播时，主要靠用户体验的好坏，如果用户得到了一个不好的体验，企业就需要调整整个品牌的传播战略。用户体验为品牌建设提供了定位依据，通过品牌定位准确寻找目标和受众，然后与企业相互配合，积极向广大用户推销以其自身利益、价值主张和品牌识别为主要内容的品牌定位，使用户充分获得品牌形象的各种有关资料和信息，为在用户心中尽可能形成一个鲜明、具体的品牌形象提供了前提条件。

三、成功标准

前面简要介绍了用户体验的产品目标，即商业目标与品牌的建立。那么怎么才算成功地完成了用户体验的产品目标呢？在产品严重同质化的今天，用户体验成为企业核心竞争力的一部分，评判用户体验主要有以下三点。

首先，看用户的需求有没有被满足。在前面讲述过，产品的提供是因为用户存在着需求。一个产品给用户带来的体验过不过关，最基本的就是看用户在使用完产品后，用户这部分的需求是否还需购买其他相似产品来补充。通常来说，用户使用产品后，需求满足了就不会购买其他相似产品了，若未被满足，则会继续购买其他相似产品。

其次，看用户在使用完产品后对其的评价如何，企业作为产品的设计者，产品就像企业的孩子一样，对自己的孩子总是存在偏爱，只有他人才能客观评判产品到底如何。有时候企业可以不用上门找用户进行调查研究，只需看用户对产品的口碑就能知道产品的用户体验是否成功。

最后，看用户在使用完产品后对产品的黏度变化。若用户在使用产品后，每当存在需求时都会选择购买同一样产品，那么这个产品必定给予了用户非常棒的用户体验。

总的来说，用户体验的成功主要看用户试用产品之后的反应。企业要想评估产品给用户带来的用户体验好不好，只需要关注用户对产品的评价如何，企业通过收集用户评价，可以知道对用户来说产品的优势和劣势分别在哪里，从中找到产品可以优化的地方，即便产品一开始的用户体验可能没那么好，但在企业对产品慢慢优化中，其用户体验是可以改善的。

第三节　用户体验的用户需求

用户体验情况的好坏，主要看产品是否满足了用户的需求。用户需求是指用户在解决现存问题时需要的东西和服务。而产品设计师要做的，正是提供那些用户想要的东西和服务。要想满足用户体验的用户需求，首先要找准用户的需求，产品经理先要判断这个需求是否合适，判断的标准就是需求是否有价值，这个价值具体包括用户价值、商业价值和社会价值。需求的用户价值是否存在主要看产品被用户使用之后能否解决用户的关键问题，如果可以则有用户价值。商业价值指的是需求在满足用户价值的基础上，能否帮助企业实现商业目标，如可以带来企业收入的增加。社会价值指的是在需求得到实现后，对社会能否产生正面作用。

只有需求能体现这些价值，企业才算找准了用户体验的用户需求。当然找准用户需求后，工作还在继续，产品设计者需要根据得到的用户需求进行产品设计这一步。然而世界上不存在两片相同的叶子，同理，不同的用户由于个人喜好、经历、生活背景等方面的不同，他们对用户体验所侧重的方面也不一样，这时企业就需要先将用户进行一个细分，依据细分打造最让用户满意的体验。

一、用户细分

20世纪50年代中期，用户细分开始被人们注意，由一位名叫温德尔·史密斯的美国学者提出。在温德尔·史密斯看来，市场上的资源是有限的，而人的需求又各有不同，用户细分是为了能在这个现实基础上进行有效的市场竞争而提出的。目前，大家对用户细分有一个相对统一的认知，即企业在明确的战略业务模式和特定的市场中，根据用户的属性、行为、需求、偏好及价值等因素对用户进行分类，并提供有针对性的产品、服务和销售模式。在各个行业，企业都会对用户进行细分，有的企业根据性别划分，有的根据用户对企业黏性不同来划分，有的根据用户年龄层来划分。例如，用户消费习惯存在不同，有的用户喜欢集中采购，有的用户习惯换季采购，也有的消费者频繁采购，企业可以根据这些人群的不同分别集中举办一次每季新品促销、打卡+积分等活动，如淘宝的"双11"、苏宁的"8·18"。

企业通过用户细分这一举措，为企业提高自身运营效果提供了更精细的数据指导。有了数据指导后，就能依据不同的用户群体，准确提供该群体想要的服务，用户因此会得到更好的用户体验，从而增加对企业产品的忠诚度，被企业抓得更牢。知道了用户细分对提高用户体验的重要性，接下来就是了解如何做好用户细分了，通常来说用户细分可以分为以下三个步骤。

第一，发现细分，就是找到用户与用户之间的不同点，根据这些不同点挖掘用户与用户之间对产品的不同需求。通过寻找大量对企业有利的用户行为，企业再根据全部用户的反应，比较他们的行为有何不同，把用户进行分类。

第二，改善细分，这一步主要是完善第一步骤，将群体之间的细分做好，明晰不同群体之间的不同。当产品设计师将用户群体纳入用户细分时，产品设计师就得深入了解用户喜好，一切通过收集到的数据说话，以一个绝对客观的身份做好用户细分。

第三，定位细分，产品需要进行仔细地定位，用户细分也同样需要定位的，可以说前面两个步骤都是在为这最后一步服务。将用户群体进行细分之后，就要对各个群体进行相关数据收集来进行细致研究，如需要了解各个群体的基本情况，以及各个群体的需求是什么，更加看重产品哪些方面，对产品有哪些特殊的要求等，只有这样，企业生产的产品才能尽可能地满足更多用户的需求。

在进行用户细分时一股脑地只想着用户细分是不可取的，还需注意验证用户细分结果是否可行，要将用户的实际需求与用户细分结果联系起来，对用户及用户细分的可用性进行研究。

二、可用性及用户研究

用户细分的可用性及用户研究，是指企业通过对用户各个细分群体实际需求的研究来检验用户细分是否准确，可以说，用户细分的可用性及用户研究是用户细分的一个扫尾工作。用户细分是一个庞大的工程，企业需要收集大量的用户数据，通过设计细分的角度，采用建模对数据进行基本分析，在时代的快速发展下，用户需求也始终都在变化，因此还要进行大量的市场调研来检验模型是否准确，若市场调研结果与数据吻合，企业才能正式确定每个群体的用户特征。只要有一步没有走好，企业的用户细分就会与实际偏离，导致产品设计出现问题，产品被赋予的功能不能满足对应的用户群体，从而无法满足相关用户的需求，使用户体验感差，最终导致用户的离开。

因此，企业在做好用户细分时要注意多方面的问题。首先，企业在收集用户数据时，应使用多种调研方法收集用户对产品的消费次数和使用感受。其次，根据收集来的信息可以将客户分成几个大类，注意每个用户只能归入一个分类，企业需对各个分类层次进行更细致、更准确地划分，必须要保证用户细分的可行性，确保不同的用户从不同渠道获得的产品信息都是相同的。

在用户细分收尾工作结束后，根据各个群体的实际需求，以创建人物角色（用户模型）的方式来模拟用户，将各个群体的实际情况及与其他群体不同的独特之处都赋予这个角色，产品设计师通过对这个角色的把握，帮助其在设计期间把用户始终放在心里，更加准确地打造出符合各个群体需求的产品。

三、创建人物角色

创建人物角色前要明白什么是人物角色，人物角色指的是企业对现实用户的一个综合原型体现。通常来说企业将用户的目标、行为、观点等进行研究后，再将它们整理成为一组或者几组对典型产品用户的描述，用这些信息帮助产品设计者对产品做出决策和设计。人物角色一般会包含一些个人基本信息，如家庭、工作、生活环境描述，与产品使用相关的具体情境，用户目标或产品使用行为描述等。企业依据大量的用户信息创建的人物角色包含了这些内容，在客观数据基础上可以帮助企业更好地理解用户到底真正需要什么，减少个人的主观臆测，从而可以更好地为不同类型用户服务。

创建人物角色指的是根据企业了解的内容、实际情况及采用的用户类型而使用的一种方式，在创建人物角色之前要先对确定创造的人物角色有个清晰的认识，为此要先对人物角色进行分析，其研究和分析方法可分为三种：定性人物角色分析、经定量检验的定性人物角色分析、定量人物角色分析。定性人物角色分析是指企业确定用户需求，并进行探索性的研究，大多数企业往往采取直接收集用户的某些行为和使用习惯。使用该方法有助于产品设计师在设计初期构建想法。经定量检验的定性人物角色分析与定性人物角色分析相比更加注重客观性与科学性，减少了艺术创造的成分。定量人物角色分析与前两种相比也不同，定量研究方法更加注重验证假设，继而开始寻找模式从而得到新的认识。

对企业来说，在创建人物角色分析方法的选择上更多是选择第一种方法，即定性人物角色分析，其分析流程有以下三点。

首先，进行定性研究。研究的方法包括一对一的访谈、现场调查、可用性测试。可用性测试是用来观察用户是怎样使用企业产品的，通过这个步骤来了解现实用户在体验产品时的行为和障碍。

其次，在定性研究的基础上细分用户群。根据定性研究的结果数据，企业把那些有着相同点的人群归为一个群组，再为不同的群组创建不同于他人只符合自己的人物角色。

最后，在构建人物角色时，不只是关注用户的目标、行为、观点，还需加入更多细节的东西，如赋予他们关键差异、个人信息、语录、业务目标、人物优先级、场景等因素，这样才能使每个用户群体都有一个独特的、栩栩如生的人物角色。

用户体验专栏2

百雀羚如何再次赢得消费者

无论是过去还是现在，百雀羚这个品牌在国内的知名度可以说非常高。"百雀羚"诞生于上海，从1931年发展到现在已经有90多年了，陪伴了好几代的中国人民。百雀羚的发展之路也是曲折的。20世纪80年代，百雀羚的年产量曾高达4000万盒，因为那时中国经济水平和消费能力的提升，普通家庭对护肤的需求日益增大，百雀羚也由此逐渐成为家喻户晓的日化国货。

百雀羚将用户群体细分为两个层面，分别是中老年女性用户群体和年轻女性用户群体，根据用户群体年龄层次的不同，分别了解她们在对护肤品消费中更加注重哪一方面，根据两者需求的不同分别研发推出不同效果的产品。

首先，百雀羚作为一个老国货品牌，中老年女性对百雀羚品牌有着不一样的情愫，她们在产品的选择上更加理性，同时又会有怀旧的特征，同样也很注重百雀羚安全护肤的理念。2012年，百雀羚首次对中老年女性群体推出了"三生花系列护手霜"，并将其重新设计包装，使消费者看到它的包装就心动不已，从而在心理上打动她们。这款三生花护手霜礼盒上线10万套在几秒的时间内就被消费者购买完。能够创下如此佳绩，与三生花系列的包装不无关系。百雀羚还邀请青年插画师以时髦的东方女性为题材，设计这一款三生花系列的包装，将穿着时尚旗袍、举止优雅的绝世名伶印在了护手霜表面，色彩淡雅、亲切，颜色图案搭配精致，具有强烈的怀旧性、鲜明的识别性。另外，百雀羚打造"草本护肤"的品牌定位，强调"天然好草本""天然不刺激""温和护肤"等品牌调性，强调产品的绝对安全性，为有安全护肤需求的中老年女性群体提供相应的产品，同时，利用社交媒体对品牌新的定位进行宣传，进一步刷新、加深消费者对百雀羚品牌的印象。

其次，百雀羚发现化妆品的市场规模呈稳定增长态势，消费者群体从90后逐渐向95后转移，年轻女性群体对外界的新奇事物有着强烈的好奇心，喜欢追求刺激，乐于尝试一些新的事物，她们喜欢的产品通常颜值高、充满个性，她们每年在化妆品上的花费都呈逐步上升趋势。百雀羚抓住这一趋势，紧跟年轻人的审美需求，将产品研发主要对准年轻消费群体，在明确消费者特征的同时放大这些特质，最大限度地吸引年轻消费者。百雀羚针对18~25岁的年轻消费群体推出了"小雀幸"等护肤品牌，还推出了自己的美妆产品，受到了大量消费者的欢迎。

最后，年轻人的消费能力越来越强，为了赢得年轻女性群体的青睐，百雀羚利用明星的粉丝经济，把圈层文化融入年轻消费市场，为品牌的发展壮大注入新生力量。百雀羚还携手腾讯视频女子电竞综艺节目《荣耀美少女》展现破圈新合作，打入年轻人的新圈层，捕获Z世代（美国及欧洲的流行用语，意指在1995~2009年间出生的人，又称网络世代、互联网世代）新力量。对于时下火热的综艺节目，百雀羚抓住流量原则，投放优酷视频独播的《这就是街舞》总决赛冠军之夜，让品牌、产品和代言人又一次在年轻消费者中获得资源整合。

总之，百雀羚为了给用户更好的体验，将用户进行细分，根据她们不同的需求，推出不同的产品，给她们带来了很好的体验。百雀羚始终深耕产品，专注于对草本护肤的研究，其产品品质受到大众信赖，早已形成了以产品品质为核心的品牌竞争力，相信百雀羚在中国市场上会发展得更好。

第四节　用户消费体验模式

社会在不断发展，企业的商业模式也在不断发展。用户的消费体验对企业有一定的影响，它为企业在品牌推广、运营活动、产品设计、体验设计等过程中提供指导，还可以帮助企业减少成本，因为对用户消费体验的研究可以帮助企业更快地制订出合理、有效的营销与设计方案。网络发展迅速，用户消费体验模式也在发展，不同的企业依据自身的不同优势，通过利用网络、数据信息等技术，结合消费场景给消费者带来了新的消费场景体验模式，在给予消费者更加便利、新奇的体验的同时让企业在市场上占得一席之位。

一、消费场景+数据算法

数字经济时代的到来让企业在商业模式上找到了新的方向，将消费场景与数据算法结合起来。消费场景即消费者情景，是指购买或消费活动发生时个体所面临的短暂的环境因素。数据算法指的是一系列规则，按照一定步骤建立这些规则后，企业可以利用这些规则解决问题和实现目标。有的企业将消费场景与数据算法结合，开发产品的创新功能，需要提供场景化体验场所，并且传导给消费者，场景化展示能够激发潜在的消费需求。消费者的场景化体验一定是多元的，并且可以融入现代科技手段，消费者感觉好看、好玩，更能突出体验感。

将消费场景与数据算法结合，使企业营销更加精准。在大数据时代，企业可以利用先进的互联网技术来更好地完成消费场景设计。企业将虚拟和现实的实际需求进行结合，利用商业智能、大数据技能及精密的数据算法使企业能在繁杂的大数据信息中得到消费者需求、消费行为等信息，通过多维度传播信息的效率可以提高消费者的体验效果。

二、消费场景+会员社群

除了关注信息技术的结合，不少企业也开始关注怎么做好会员社群服务。社群是指在某些边界线、地区或领域里面发生作用的一切社会关系，而会员社群就是把社群的范围缩小在企业会员这一小部分群体。会员社群关注的不是某一项产品或服务，而是一站式解决方案。用户是可以用来赚钱的，对于有的企业来说，它们与用户并不是一次性的交易关系，企业可以通过建立会员社群给特定的会员人群更全面、细致的服务，通过与用户交朋友，让用户主动持续复购，对企业产品产生口碑裂变，用户就可能转化为粉丝，甚至成为企业的员工、股东投资人、合伙人。

将消费场景和会员社群相结合的商业模式在很多行业都很流行，企业先是在场景上下功夫吸引用户，用优质的产品和服务给用户留下好印象，再引导用户加入企业会员。大部分企业都会给予会员独享的系列服务，如一些会员独享价、会员折上折、生日惊喜等活动，提高用户体验，用户对企业有好感就会持续回购，最后成为企业的忠实粉丝。

用户体验专栏3

名创优品用产品打动用户

去过日本旅行的人都能发现，日本人特别注重细节，尤其是在生活家居方面，因此日本有许多的家居专营店。叶国富因此获得灵感，他利用自己过往在经营时尚连锁品牌时积累下的产品开发经验、供应链和渠道资源，秉承着为中国消费者提供优质、低价生活百货的想法，在2013年与日本设计师宅顺也先生创办了名创优品（Miniso）。为了创造更好的家居生活产品以打动和吸引用户，名创优品做了以下几个创新举动。

首先，在消费场景上，名创优品极力给消费者打造一个舒适的购物空间，在门店装修上，每一个店面大到装修设计，小到货品摆放都是经过深思熟虑的，只为了给消费者营造出和谐、开放、舒适的购物氛围。名创优品统一门店设计，采用暖黄色的灯光，再加上象牙白灯光的辅助，给消费者营造了一个明亮、温暖、干净的购物环境。在货物陈列方面，虽然名创优品的货物种类多、颜色丰富，但货物在摆放时依然井然有序，不会杂乱无章，让消费者在尽情购物的同时感到舒适和愉悦。在购物服务方面，一方面，名创优品的门店大多都开在繁华的购物中心和人流量密集的商业步行街，让消费者可以很容易找到。另一方面，名创优品和其他类似零售店不同，考虑到消费者的消费习惯不同，有的消费者不喜欢有导购的服务，为此名创优品采用自助式服务，消费者可在店内随心挑选，使得购物流程简单，消费者的自主性强。另外，名创优品重视对员工的培训，员工的收银速度可以快至22秒，大大减少顾客排队等候的时间。无论是在综合环境服务还是购物服务方面，名创优品在各个细节都体现了完美的人性化服务，为顾客营造了良好的消费场景，提供了极好的购物体验，满足了消费者多样化的消费需求。

其次，在会员社群方面，名创优品有很多会员活动，如特定的周三会员日。当天会员购买商品会有不同的活动，有的是可满减，有的是热门商品对会员有特定折扣。名创优品一直在积极拓展会员规模，过去六年多的时间里，仅在线下渠道就累计超过3000万会员及社群粉丝。在线上，名创优品利用微信与用户沟通，创建名创优品小程序，用户在小程序上可以购买名创优品的商品，再与饿了么、美团、京东到家等平台合作，为购买商品的消费者提供"无接触配送"服务。除此之外，名创优品还和顺丰合作，帮助名创优品推出同城急送服务，快速地把商品送到消费者手上。

最后，除了与各个平台合作外，名创优品还将店员打造成用户的生活管家，假如用户地址在服务门店三公里之内，名创优品就会派员工上门送货。同时，名创优品的员工还会在线上自发带货，用直播的方式销售产品，通过直播互动，名创优品还收获了大批粉丝。员工的自发带货、视频直播，线下口碑和线上通道迅速产生反应，使名创优品的线上渠道得以拓宽，实现了线上升级。

总之，名创优品发展至今已经有了4330家门店，名创优品的消费场景和会员社群相结合的商业模式让更多的消费者喜欢上了名创优品，成了名创优品的会员和粉丝，帮助名创优品在中国市场站稳了脚跟。

三、数据算法+会员社群

有的企业采用将数据算法和会员社群结合起来的商业模式，对于会员社群，企业通常会通过数据算法找到对企业有用的信息，从而提高用户体验。比如，企业可以运用聚类算法模型将企业客群智能分组，宏观把控客群属性。识别企业客群的关键特征属性是构建企业目标客群画像的基础，更是企业实现客户精细化运营的第一步。企业快速识别自己目前的客户集群的关键特征，从而构建精准的用户画像，真正了解和把握客户。同时，根据目标客群所呈现出的具体属性与行为表现，丰富企业构建客户画像的数据维度，让企业可以更加精准地识别目标客群，更加合理配置营销资源，提升整体营销效率。另外，还有一种运用行为算法模型，这个模式主要是为了帮助企业掌握用户的真实诉求。运用行为算法模型可以帮助企业全流程追踪用户的轨迹，根据客户的行为来论证企业对用户群体的设想，为企业实现产品细节与营销策略的优化提供方向。

采用数据算法能使企业的服务更加精确、细致，使用户得到更好的体验。营造会员社群能让企业获得大量的忠实用户，有固定的消费群体。拼多多就是一个典型的案例，它利用数据算法为其更好地营造会员社群提供了帮助。

用户体验专栏4

拼多多新型配货模式

拼多多成立于2015年9月，经过短短几年的发展，拼多多就成了国内移动互联网的主流电子商务平台之一，甚至可以与淘宝、天猫、京东等平台相提并论。为什么拼多多能快速崛起呢？我们发现了其背后的成长路径。

拼多多在配货上采用了当代先进的信息技术，通过编辑数据算法形成了分布式AI人货匹配的营销模式。它的具体模式是利用分布式AI技术，可以在消费者平时的浏览、购买等数据中找到消费者的兴趣爱好和消费风格，把那些具有需求相似或相近的消费者的信息集合在一起。接着，把数据信息传给商家，商家可以设立拼单模式让那些有相似需求的用户一起拼着买，消费者购买数量越多，越能获得更大的优惠，从而降低购物成本。此外，拼多多还利用大数据技术，将消费者需求、商家库存和供应链进行匹配，若匹配成功，消费者可以购买到性价比较高的产品，商家也可以增加销售量，这个结果对于商家、平台和消费者来说都是好的。另外，拼多多还有独特的"实时信息"模式。用过拼多多的消费者都知道，与淘宝、天猫不一样，用户在拼多多上浏览商品的时候，系统会自动在页面上显示某某用户×秒前购买了该商品、某某用户正在浏览该商品这样的实时信息，这一设计大大地增强了消费者购买的氛围，刺激了消费者的购物欲望。

拼多多作为电商平台的后来者，将各大平台忽略的那部分群体，即广大的低收入人群作为自己的主要对象，把市场放在那些发展较为靠后的三、四线城市，再根据用户收入低的特点，制订低价格策略，实惠的产品更能刺激用户的购物欲望。拼多多以拼团式购物的营销模式迅猛发展。它的主张正如它的广告词一样——"拼的多，省的多。"用户将想购买的产品分享给自己的朋友、家人、邻居，通过砍一刀或者拼团的方式可以以更低的价格获得商品。在这种模式下，人与人之间的联系会增加，在亲人、朋友的帮助下，用户会以更低的价格买到更好的东西，体会到更多的实惠和乐趣。拼多多通过建立用户之间的沟通和分享为用户建立了新的社交理念，打造了自己独特的新社交电商思维，让精打细算的消费者在满足自己需求的过程中，享受到更多的实惠。

拼多多运用了新型的配货模式，使服务效率得到提升。在人口众多的中国市场中，拼多多的互惠式拼团、万人团等极具创新的营销活动吸引了大批消费者，汇聚了大量的数据资源，这也是拼多多在短期内被大众熟悉的原因之一。

四、 消费场景+数据算法+会员社群

人们离不开消费,每天都处于不同的消费场景中,通过营造不同的消费场景来提高用户体验是一个很好的选择。与此同时,互联网的发展大大改变了消费者的生活方式和信息的传播方式。通过网络,我们不仅可以接触到来自不同行业的人与事,了解整个行业的运作,还可以看到一个产品从原料到成品的制作环节,消费者的消费场景也变得更加多样化。互联网的发展也带来了数据的大爆发,现在越来越多的企业通过对用户信息数据的利用来提高用户体验。另外,互联网的发展让价格越来越透明化,购物越来越便捷化,产品越来越同质化,所以企业必须转换思维,运用"用户思维",借助新型的营销方式引流、培育、成交、服务、裂变、追销。此时就需要利用会员社群营销来解决这一问题,通过社群营销可以给老客户带来除产品外的服务附加值,经营好和客户的关系,在分配好利益、服务好老用户的同时拓展新的公域流量以获取更多的新用户。

信息技术的发展让消费者有了更多选择,让消费情景变得多样化,通过数据算法可以更好地为用户营造消费情景。根据不同消费者对不同消费情景有不同的需求,通过对会员社群进行数据分析,可以促进社群运营者优化决策,降低整体营运成本,协同组织目标与行动,使社群内的每一个人目标一致、齐心协力,全面提升社群用户的满意度和认同感。

章末案例

"8·18"来袭！主场作战的苏宁，有一个巨大优势

苏宁易购集团股份有限公司（以下简称苏宁）创办于1990年12月，是由张近东先生一手创办的。作为一个连锁型的综合性零售企业，苏宁的业务范围很广，包括家用电器、日用百货、母婴用品、生鲜等多个品类。苏宁从成立开始就稳步发展，并在成立14年后即2004年成功上市。

每年苏宁易购"8·18"活动都会创造巨额的成交量，而在这些巨额成交量的背后是苏宁易购一直以用户为中心的经营理念。苏宁易购利用其三个优势，即线上线下的场景优势、优化用户体验优势和百分的服务优势，让苏宁能够更好地贴近用户、了解用户的需求、强化用户体验，为用户提供更加优质的服务。

1. 线上线下的场景优势

张近东早在2013年就提出要融合线上线下业务，并指出这一模式在相当长的时间里将是零售业变革的方向。苏宁也是朝着这个方向做的，至今苏宁具有全客群、全场景和全品类的特点，使其在线上能够与阿里巴巴、京东之类的电商相区别，在线下也能与传统零售商相区别。

第一，全客群。全客群指的是用户覆盖全面，即苏宁能够满足线上、线下不同用户的需求。一方面，苏宁在2009年便上线苏宁易购，使用户可以通过互联网享受苏宁提供的优质服务，可以足不出户就能买到自己心仪

的产品，使苏宁能接触更多用户，了解更多用户的需求。另一方面，线下苏宁的消费、服务场景更加多元化，其辐射范围更加广阔。以苏宁零售云为例，苏宁零售云每个月都有多家新店开张。除了开店，苏宁还收购了其他百货超市来增加自己的线下门店数，如家乐福中国和万达百货。加上遍布大街小巷的苏宁小店，苏宁还在大卖场、社区便利、线下一站式消费等场景进行广泛、多层次的布局。

　　线上线下的全面布局让苏宁易购能够更好地掌握各类用户的需求。喜欢网上购物的消费者能在网上购买苏宁的产品，喜欢门店消费的人可以在苏宁众多的门店里购物。在线上，在淘宝、微信或是苏宁易购的APP上都可以很便捷地购买苏宁的产品，并且每隔一段时间苏宁都会推出一系列的促销活动，以激发消费者的购买欲望。在线下，苏宁超市进行"疯抢72小时"专场促销，活动期间可领取每满99元减30元的优惠券，整点可抢满99元减50元的优惠券。同时，苏宁超市还推出部分商品下单立减、满折、酒水部分每满300元减40元等活动。无论线上用户还是线下用户，都可以很容易找到苏宁的店，且以最优惠的价格购买到自己最想要的商品，用户体验极佳。

　　第二，全场景。苏宁除了通过线上线下的全面布局实现全客群，既考虑了线上用户，还考虑到了线下用户。同时，苏宁还打造全场景模式，真正实现一站式服务。在2019年零售战略沟通会上，苏宁易购总裁侯恩龙正式将全场景零售的概念给全行业分享，并开始为接下来苏宁的全场景零售市场的建成布局铺路。他认为全场景的塑造就是对原有场景的重构，必须进行用户体验及支付的升级。

　　第三，全品类。2018年年初，苏宁成立大快消事业群，整合苏宁线上超市、苏鲜生精品超市、苏宁红孩子、苏宁小店等多种业态，大规模地向大快消市场进军。同年，苏宁小店、苏宁拼购等业务强势崛起，大快消成为苏宁除家电、消费电子之外的又一强势品类。苏宁经过这些年的自我发展和对外并购，其业务范围已经横跨电商、物流、商贸百货、金融、体育、文创等版块，真正进入消费生活的方方面面，这使得苏宁能够满足多元化的客户需求。

苏宁全客群、全场景及全品类的特点，使得苏宁乍看起来涉猎复杂，但其实苏宁的本质很简单，就像张近东说的："外界的一些声音说苏宁做体育、小店、零售云、天天快递、家乐福中国等，做了很多事，说我们是'看不懂的苏宁'。其实苏宁很好懂，我们所有的努力都是为了好服务。"苏宁构建全客群、全场景及全品类的特点，让苏宁能够贴近用户，让用户随时随地享受到由苏宁提供的服务。

2. 优化用户体验优势

离用户近一点，只是好服务的基础。在满足需求的基础上，为用户创造更大的价值和更优的体验，让用户体验更好一点，才是好服务的追求。所以张近东说要让消费者"占便宜"。但让消费者"占便宜"，并不是简单粗暴地打折、发优惠券，而是升级购买前、购买时、购买后的服务体验，让用户在金钱、时间、精力上全面"占便宜"，让消费者花更少的钱，享受更好的服务体验。

深挖用户需求，直击用户的痛点。苏宁易购利用大数据与计算机算法深挖用户需求，根据用户需求推出商品。如在苏宁"8·18"购物节中，许多大众品类、知名品牌的商品都有大幅度降价，还有一些产品并没有参与活动，这背后的逻辑其实是"消费者喜欢什么，什么就降价"。

苏宁易购用超预期的用户体验为用户提供优质的服务。创业初期，苏宁易购就建立了包括空调销售、配送、安装、维修与保养在内的专业服务体系，在每一张空调的售后单上，苏宁易购都会盖上"免费挂机充氟壹次""免费移挂机壹次""终身免费保养"的红章，且对用户终身有效。因此，从一个200平方米的小店成长为世界500强的苏宁易购，其动力就是源于苏宁给用户提供的超预期体验。2020年苏宁"8·18"更是一种可感知的超预期服务。据悉，苏宁"8·18"购物节延续6月18日的"J-10%"省钱计划，并且对"J-10%"的选品只增不减，拓展到全品类。除此之外，苏宁承诺，若苏宁提供的产品比其他平台更贵就赔偿差价给用户，如果产品没能送到用户手中也赔偿，用户收到产品后觉得不满意也有极速通道给用户退钱，尽量全面地保障用户的权益。另外，苏宁为了使自己的服务效果达到最好，会给每一个用户匹配一位专门的服务管家，服务管家将会为用户提供进场服务、极速到家及随时响应服务。此外，在活动期间，有一万两千名客服为苏宁用户提供服务，根据事后统计，这些客服在活动期间与客户对话量达5990000多次，同比增幅达到53%。

如果服务忽好忽坏，那么产品的良好体验就会不可持续，产品服务如果不能随着时代发展与时俱进，企业的发展也很难持续。为了保证企业的持续发展，苏宁必须确保良好的用户体验可持续、可升级。为此，苏宁打造全场景服务。为了能更好地做好全场景服务工作，特别是苏宁的售后服务工作，苏宁大大增加了物流仓储面积。苏宁还是全国首个拥有5G无人仓的企业，使用5G无人仓大幅度地增加了货物拣选效率，用户下单后，商品最快20分钟就能出库，包裹丢失率几乎为零。与传统人工拣选相比，5G无人仓货物拣选又快又好。除了对物流仓储这一块进行改善，苏宁还对物流服务做了改进。苏宁在其建立的全国物流网络的基础上，将长途配送、短途调拨与零售配送到户的服务进行一体化运作，使苏宁提高了配送速度。为了让用户有更好的服务体验，苏宁在送货快的基础上还提出要送货准，苏宁为此在全国范围内设立了数千个售后服务网络，同时还设立了呼叫中心，呼叫中心可提供24小时全天在线服务，服务内容包括咨询、预约、投诉和回访等服务。优秀的物流网络基础和服务让苏宁在"8·18"活动期间物流订单的准时率高达98.2%。

张近东说："我们要让用户一有需求，就想到苏宁。看到苏宁人，就觉得事情肯定能办好。"这样的用户信任只有通过持续关注用户需求，对核心环节持续投入，持续提供好服务，才有可能建立起来。

3. 百分的服务优势

苏宁除了让企业更加贴近用户和持续优化用户体验之外，还构造百分的服务优势。苏宁把对服务体验的极致追求作为企业的文化，将它和企业的战略方向联系起来考虑。成立30年来，苏宁始终坚持做到将服务作为苏宁的核心价值，把用户满意作为苏宁一直追求的目标和驱动苏宁发展壮大的动力源泉。

张近东认为提升用户服务就是要强化两个价值导向：面向消费者，始终秉持"利他之心"，要让消费者"占便宜"；面向一线服务员工，要围绕用户体验加大激励，不让员工"受委屈"。对于消费者，为了做好用户服务，苏宁推出了苏宁帮客服务平台，推出转变思维、创新发展、将服务产品化、放大知识"入口"等方式，不断优化和升级苏宁帮客的服务模式，推出一系列具有互联网思维的新型服务，使苏宁帮客能够用标准化的产品与服务去满足用户的需求。另外，苏宁还成立超级口碑中心，这个部门的主要职能就是做好用户体验，让苏宁的用户服务质量更上一层楼。在超级口碑中心这个部门，负责人可以直接向苏宁最高管理层汇报工作，他的工作任务就是制订和执行与用户体验相关的考核规则，对涉及用户服务、体验、投诉等方面的绩效管理、人员任免具有最终决定权。对于一线服务员工，加大激励力度。以客服人员为例，苏宁客服人员的工资与用户对员工服务的满意度挂钩，满意度越高，薪资就越高。客服人员在工作中，为了照顾用户的体验，难免会受到委屈。为此，客服部门设立"委屈奖"，如果客户服务人员在为用户服务的过程中受了委屈，企业将会为他提供额外的安慰激励。除此之外，苏宁向一线放权，加大客服的处理权限，明确了三大客服准则：对于用户的正当诉求，客服不需要请示、报告，必须在第一时间解决；在进行价值判断时，要进一步强化用户思维，坚定地站在用户的立场处理问题；要最大程度地保障用户的权益，让用户"占便宜"。

苏宁"8·18"除了价格便宜外，更重要的是服务。除了上面的"三赔"服务外，苏宁推出了"三免"服务，即限时免单、分期免息、退货免邮，从价格、服务体验、参与感三个诉求点同步发力，让用户真真切切享受优惠的价格。同时，苏宁推出"社区服务节"，不仅通过"菜篮子"为用户提供新鲜时蔬，而且开展趣味篮球赛、缤纷夏令营等社区互动活动，以及针对小朋友的"荒野训练营"活动，从购物、生活、娱乐等各方面直击社区用户的心理需求，为用户送去更暖心的好服务。

总之，对于苏宁而言，不论是面对京东还是其他对手，不仅要能打短期价格战，还要优先考虑如何在长期的价值战中保持和扩大优势。身处零售行业，服务是苏宁能为用户提供的最大价值。所以，企业文化和战略方向要始终专注好服务，追求极致体验，就像张近东说的："服务满意度没有'比较好'。只有0分和100分，没有99分的概念。做到了，用户就会信任你，做不到，用户就转身离开。"

本章小结

对于消费者来说，产品就是用来满足个人在物质上或者精神上的需求。企业想要走得更远、发展得更好，企业的产品必须得到消费者的认可，为此企业只有一条路可以走，那就是给予消费者好的用户体验。若消费者在使用产品时有很好的用户体验，将有效地帮助企业实现商业目标，甚至帮助企业建立起自己的品牌识别，因为消费者免费为企业做口碑宣传，企业就不需要在品牌建设上花费大量的广告费用了。

第四章

社群运营

要持续造势，就要把企业做成一条流动的河。源头是创新的SBU（战略业务单元），河的终点是用户的满意度，即对企业忠诚的用户。

——海尔集团董事局主席　张瑞敏

伴随着时代的变迁，流量慢慢从蓝海变成红海，为了能够有效降低流量成本及提高转化效率，必须考虑从公域流量里面寻找精准用户，把其安放到私域流量里面并进行有效留存育，使之成为自己可以灵活精准使用流量的一种快捷路径，社群运营应运而生。

开章案例

谁能成为中国的线上7-11

　　爱库存是一个提供SaaS（软件即服务）店铺软件工具、私域流量经营管理工具及商品与服务相结合的一体化供应链解决方案，包括具备极致性价比的商品、交付履约、培训课程与售前售后客服的平台。

　　饷店是爱库存推出的一个品牌特卖平台，它的经营目标就是把传统的网络社群媒体的经营管理模式和传统线上精品特卖店的经营管理模式有效地融合到一起，充分发挥对传统社群经营中的销售人员进货及时、精准的资源匹配及各种类型群体性的营销合作联动机制，同时还高度重视对企业的线上品牌形象宣传推广等各流程环节进行有效转化。随着互联网技术的迅速发展，逐渐兴起了To B和To C这两个词。To B通常指面向特定的用户群体，提供相关的产品服务；To C通常指直接面向个体消费者，提供产品服务。To B讲究的不仅是市场精准性和市场聚焦点，更在于产品的市场销售及售后服务，并且要以高质量的产品和服务来打动顾客。To C就是运用消费者的心理需求进行产品的销售。爱库存有了饷店，到底有什么美好的事情开始发生了呢？

　　首先，爱库存有TO B的基因，饷店首先能跟商家形成联动。在上游，饷店为其他品牌方提供了一个线上线下商品销售和品牌清理的平台，为其他品牌合作者提供了赋值功能，饷店的撒手锏恰恰也正是它们来自与这些品牌合作者长期的一种新型深度战略合作伙伴联盟关系，这也是为什么饷店的很多产品能做到1折的原因。

其次，解决信任危机。很明显，饷店认准了社群电商的痛点是彼此不那么信任。饷店建立了自己独特的质量品控管理制度，而且还专门引入了商品检测管理部门，保证了网店平台正式运营上线后所有销售产品的安全和质量，提高信任度。

最后，有效面对终端顾客。最早白手起家的几大网络电商交易平台靠的都是典型的公域流量。在这些网络平台上，商家的入驻其实也是在寻求借助大型网络平台来增加流量。相对于一般的店面来说，饷店采取了独特的私域流量+公域流量的模式。

总之，爱库存的营销决策基于自己对电商零售行业的认识和深刻理解，不断地创新一些营销玩法。在大多数行业都是亏损的情况下，爱库存依然能够盈利主要得益于两点。

一是做线上的7-11（便利店）。消费市场是需要场景的，这一点已为中国零售行业广泛接受和认同。而互联网电商在中国已经发展了几十年，"场景"的概念和内涵也随之发生了许多改变。例如，最初的京东电商整合模式其实就是介于阿里和微信京东之间的一个电商整合业态，二者更多的卖点看似更像是一个连锁式的超市，主要卖点其实就是销售海量商品SKU（库存保有单位）。

二是放大了鱼群效应的最佳化优势。在内部，爱库存拥有一个更加富于爱心的叫法——"爱豆"。因为该平台的BaaS(区块链即服务)售后服务系统能够接管店主手中的绝大多数工作，这样一来，这些店主就能够更加专注地做好卖货的各个环节。

但是，随着时代的发展，电商服务行业在产品布局上的竞争优势已经远远不够，依然需要在产品策略和布局上下功夫，使其成为一种纽带，能够帮助商家发掘更多的业绩增长途径，让平凡的事物实现自己的价值，让更多的用户能够拥有一种更具个性化的购物经历。

第一节　社群的产生与发展

随着科学信息技术的不断发展，互联网赋予了人们更多的机会和可能，社群的形成和发展也越来越丰富多样。

一、互联网社群的形成

进入现代社会，一方面，由于融合了民族特性和各种亚文化群体的特点，因此逐渐形成了各具特色的"族群"；另一方面，伴随着我国城市化步伐的加快，凸显专业化、功能型服务的虚拟社区日益趋向成熟，并且随着移动互联网信息技术的普及，虚拟社区逐渐由传统的现实社区转变为更多的虚拟社区。对于社群的形成，从古代发展到互联网社群，主要体现在以下几种。

第一，古代社群。古代社群本质上就是一种群居的社会状态，具有较明确的民族区位、方言、风俗习惯等。

第二，近现代社群。"族群"强调一个群体的"边界"不仅只是"血缘"或者"地缘"，而是"文化"，强调一个群体的各种文化共同特征。

就像我们把自己称为"华夏儿女",表明了这个伟大种族的文化传承和中华文化重要意义。

第三,城市化社区。随着城市的发展,社区开始形成。社区是由人聚合而成,为人的社会生活服务,人在社区中进行关系互动,体现一定的社区文化。但本质上,社区仍然倾向于地理区隔和功能文化需求,更强调空间的因素。社区主要以特殊的地理地域分隔,强调一定地域空间群体之间的社区活动和社区文化。

第四,互联网社群。互联网的广泛普及和快速发展,使得一个社群网络能够彻底打开和完全突破传统时间、空间的局限,能够达到个人与其他社会个体之间的自由、精神上的聚合。互联网+让社群交互的宽度和深入程度都得到了很大的增强,使那些拥有相同的文化性格特征、兴趣爱好、价值观及相同要求的个体都能够方便、有效地进行聚合。社会学家瑞格尔德(Rheingole)在1993年明确地提出了"虚拟社区"(Virtual Community)的基本概念,这里我们论述的"虚拟社区"本质上就是"虚拟社群",而不是现实生活中的那种传统虚拟社区的基本概念。综观当今人类社群的历史与发展,其沿着"部落—族群—社区—社群"的发展路径与方向演进。网络社群的诞生可以说是中国互联网技术发展历程上的一次革命,20世纪90年代后期,web1.0时代以百度搜索引擎的名称为其标志,通过对关键字的定位和超链接,大大增强了信息传递的深度和覆盖广度;21世纪早期,UGC(用户生成内容)和SNS(社会性网络服务)的社交媒体分享成为web2.0的一个新标志,形成了一个以用户兴趣图谱和社交关系数据库为主要核心的"人"的聚合式网络社群。互联网的发展使人们从关注人机交互、重视利用机器互动与人之间的信息资源共享，转变为更加关注生活中的人人交互，重视对生活中的人人互动与价值的再造。

二、移动互联网引爆社群

到了移动互联网时代，社群规律有四个方面的改变，如图4-1所示。

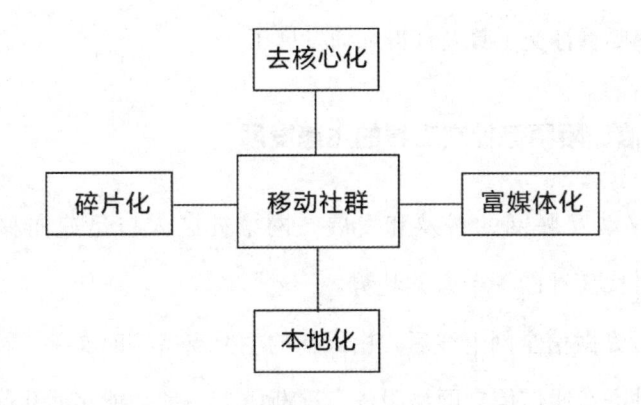

图4-1 移动互联网时代的社群变化

第一，社群的本地化。网络社群已经不再仅是对线下联系的一种补充，已经转换为线上线下相互交融，从而促进了社群之间的关系不断拓展。

第二，社群的碎片化。碎片化，即社群用户能随时随地编写内容和互动，社群用户的积极性和活跃度与早期社群没有区别，用户积极参加社群活动往往需要一个长期的适应过程。

第三，社群的去核心化。去核心化，即社群用户形成了丰富的兴趣和主题标签。

第四，社群的富媒体化。富媒体化，即和以往相比，社群内部信息的生产和发布出现了许许多多的玩法，任何一个人都能够进行内容的生产和传播，这就延长了社群的存在价值。

网络可以让社群简单、迅速地得到普及，而真正能够促成网络社群迅速爆发的，就是整个移动端和互联网。至于如何利用移动互联网来引爆这些社群，就要看社交工具及社群如何发展了。

1. 微信、陌陌等社交工具的飞速发展

随着移动互联网的普及和发展，网络社区人口迅速向移动终端扩散，成为时代变迁的一个必然趋势。

腾讯官方微信全网上线后，由最初的主要支持实时文字、视频、语音对讲的即时语音通信信息网络服务，逐渐成为一种功能多元化的社交网络服务平台，迅速掀起了全民使用微信的热潮。陌陌是一款基于移动互联网和虚拟地理位置的新型社交平台和沟通工具，让用户可以随时通过搜索快速认识周围的陌生人，参加周围的虚拟社群活动，将朋友圈的范围扩大，从而把线上的传统虚拟社交和线下的真实社交进行融合。

2. 社群的便捷性和社交的遍在性

以微信、陌陌等为主要代表的社交网络工具，为现代人提供了能随时随地进行互动的技术平台，多种功能的应用大大增加了网络社交的便利

性、新鲜感和趣味性。移动网络社群的快速、便捷与其他社交方式的普遍性，使人们有机会主动地参与或融入不同类型的社区之中，寻求心灵上的满足感、归属感。

三、社交工具推动社群式发展

社群的飞速发展主要得益于社交工具的多样化和便捷性，论坛、微博、微信、QQ等网络平台都是社群发展的平台。

1. 论坛

我们可以把自己的这个论坛简单地解释为一个随时发帖、回帖的信息平台，人们不仅可以在自己的论坛上随时发表各种新的话题，获取各种最新资讯，还可以随时讨论各种资讯、与别人聊天。论坛由各级网站管理站长（论坛创始人）亲自组织创建，其负责对论坛内容进行系统管理，其中网站管理者包括网站论坛高级管理员（Administrator）、超级版主（Super Moderator）、版主（Modertor）。论坛是深受人们喜欢的网络平台，它有着几个特别的作用，如图4-2所示，这为企业和个体营销者的论坛营销奠定了坚实的基础。

随着互联网的发展，论坛已经成为社群营销的入口之一。与其他传统的营销方式相比，通过网站或论坛宣传自己的产品可以为我们省去许多的广告成本。另外，搜索引擎的大规模使用也会极大地增强其搜索效率，因此其宣传效果较之于传统广告则更加优越。

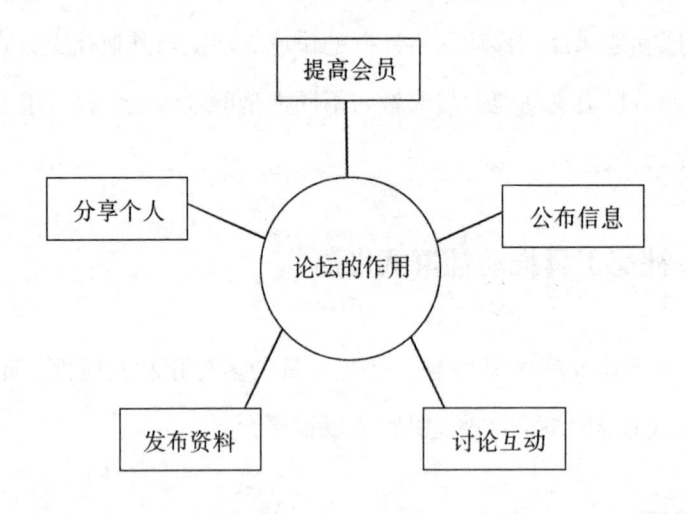

图4-2 论坛的作用

论坛营销和其他传统的营销模式不同，论坛营销具有独特的交流互动性。在我国传统的营销模式中，企业和消费者之间并没有直接的互动，营销方式和手法也较为单一。而论坛营销可以依靠企业产品的个性化、特殊目标顾客群、专属企业文化等因素加强互动。论坛的营销活动形式丰富多样，避免了传统的营销活动模式的单调。论坛营销给企业打开了一个占领市场、促进品牌、营销产品、赢得利润的全新模式，让正处于创业初期的企业多了一条走向市场、开拓市场的道路。

2. 微博

微博是一个基于用户关系的信息即时共享、即时传递和获取的平台，微博的注册用户只需要通过微博及各类微信客户端直接注册组建自己的微博个人和企业社区，更新个性化信息，就可以直接实现即时的信息分享。

微博社群作为继博客之后逐渐发展出现的一种互动性较强的网络平台，也成为当前推动社群网络营销模式互联网化的入口之一。无论是普通老百姓，还是明星、名人，都可以使用微博。如今，大多数人用的都是新浪微博。新浪微博是最具人气的微博产品，开通了新浪微博的用户，可以在上面记录日常生活的经历、感受。只要拿着手机，随时随地都可以发微博。通过浏览微博的内容，人们可以快速获取最新的资讯。

随着微博用户数量的快速增长，微博营销变得十分重要。作为一个企业家或者是个体的营销人员，应该充分地重视微博的宣传力量，对微博进行恰当的管理。作为一个大型的企业，应该充分利用微博的力量，在市场中拓展自己的影响力，以免被市场所淘汰。而作为中小型企业，微博营销是其以弱胜强、以少胜多的有力武器。作为个体营销者，应该利用微博聚集人气，将一些有缘人聚集在一起，然后再通过这些人展开营销。

3. 微信

微信是一个即时通信应用程序，为用户提供了诸如公众信息平台、朋友圈、消息即时推送等多种功能，用户随时可以通过"摇一摇""搜索号码""附近的人""扫描二维码"等多种信息方式直接添加微信好友，同时会把用户的信息内容及时分享给好友及推荐其他用户的信息。以社交微信网络为主要载体代表的各种社交信息网络媒体应用，在进一步极大强化了即时信息通信和社交网络之间社交信息共享的功能基础上，激发了自身多媒体的信息创造驱动性生产力和信息传播力的性能，并从社交网络上对信息的即时分享及扩散服务延伸至日常生活中的服务，打通了微信产业链的上下游，打通线上线下支付和消费，最大限度地挖掘和释放了整个社会媒体网络的自身商业性和社会服务性的价值。

使用微信进行社群营销具有几个显著的优点：一是微信可以建立稳固的客户群。无论是个人还是企业，要想有效地开展营销，就要与自己的客户进行信息交流，与客户建立良性的关系，深入地了解自己和顾客的需求。通过微信，个人或企业可以快捷地进行营销活动，与客户建立长期的合作关系，建立稳固的客户群，从而创造更多利润。个人或企业能通过微信与客户一对一地进行沟通，从而建立稳固的关系。在奠定了一定的微信营销基础之后，可以轻松地挖掘潜在客户，扩大客户群。二是微信可以快速传播信息。通过微信的综合公众信息平台、微信人的朋友圈、微信群，信息被快速地传达到广大客户面前。有的人在自己的朋友圈里看到了好友发送的某一条信息，觉得非常好玩儿、感人、有意思，就会关注这条信息的微信公众号，以后随时都能够看到该微信公众号所发送的信息。三是微信投入成本低，利润却很高。一直以来，广告都是营销的一种主要方式。有的大企业请明星打广告要花费很多钱，制作广告牌、发传单等方式也需要不少的花费。很多时候，就算请明星来做广告也不一定能取得非常好的效果。在这个时代，通过微信，个人或企业通过发送文字、图片、语音及视频等，就能轻松实现营销的目的，把广告推送到用户的手机上。这是一种高效、省钱的营销方式，用最少的投入实现广告的高曝光度，可以使个人或企业省去很多成本。由于微信操作起来十分简单，即使是一个刚入门的微商也能轻轻松松地把广告推送到客户面前。通过微信营销，普通大众也能实现低投入、高收入。

4. QQ群

QQ作为一款即时通信软件，为人们的生活提供了便利。无论身在何处，只要登录QQ，随时都可以与亲人、好友进行交流。对于企业来说，QQ群是进行社群营销的重要阵地。如果充分利用QQ群、QQ邮箱及兴趣部落等多个平台，企业一定可以获得长远的利润。在目前互联网产品中，群的意识形态最初起源于聊天室，后来渐渐发展到各种网络软件群，其中包括QQ群、微信群及陌陌群等。其实，群营销的本质是希望通过线上工具完成对产品的推广和销售。

社群营销借助的也是人与人之间的沟通力量。QQ群营销主要分为两种营销方式，一种是选择自建群，另一种就是选择加入他人已经建好的群。自建群主要是为了吸引更多的用户在加群之后进行营销活动，群主的管理能力较强。如果加入他人已经建好的群，门槛相对较低，很容易轻松上手。QQ群的营销方式如图4-3所示。

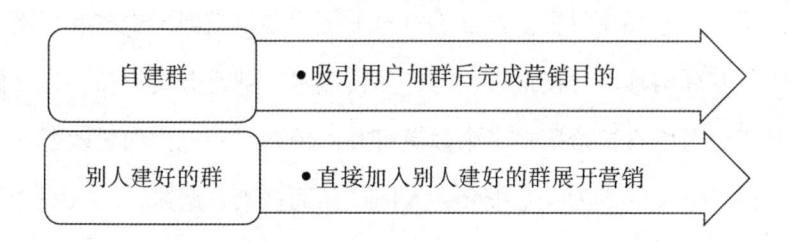

自建群	吸引用户加群后完成营销目的
别人建好的群	直接加入别人建好的群展开营销

图4-3　QQ群的营销方式

第二节　社群经济解构

移动互联网不仅被认为是一种科学技术的应用，更是现代人与他人交流的一个工具，也是人的思想形态的延续，让人时时刻刻都可以在线、随处都可以连接。移动社区也不只是一种产品性的应用，更多是现代人获得信息、沟通、工作学习、情绪互动、日常消费等的虚拟社区。社群的快速、便捷性和网络社交的普及性，使社区的服务功能更为多元。

一、社群的分类

互联网+社交信息时代的外交社群是由一个个体基于不同的社交动机、要求，自主地进行创建或者不断发展而自然形成的。不同的社群应该有着不同的文化定位与社会性质。在我们身边，主要的网络社群运营形式有以下几种。

第一，产品型社群。产品型社群的概念最早起源于中国互联网的产品思维，互联网移动时代最重要的产品特点之一就是分类产品。优秀的微信产品不仅可以直接给用户带来数量可观的消费者和庞大的粉丝群，而且优秀的产品也可以成为一个中介，人因产品而被聚合起来，形成一个社群。目前，线上线下的产品和各类的品牌社群已经开始有了一些成功的营销尝试和经营实践，如黄太吉煎饼、雕爷牛腩彻底地颠覆了传统的销售模式，最终给线上粉丝们带来了线下产品的销售奇迹。

第二，兴趣型社群。兴趣型社群是基于兴趣爱好而自行创建的社群。

互联网具有无穷的空间延伸性，实现了每一个人的空间交流与信息聚合。在这个普遍追求信息自由化、多元化、个性化的时代，人们希望能够从网络中寻找一些与自己有着相同兴趣的人，这些兴趣型的社群都蕴含着巨大的市场商业价值和市场潜力。

第三，品牌型社群。品牌型社群本身就是对传统产品服务类用户社群的一个延伸。当这个具有产品文化类型的消费社群在快速成长发展时，这个群体就会因为对某个品牌逐渐产生相互信任或某种情感上的相互关系，热衷于这个品牌及其旗下的某个产品类型，并对这个品牌及其文化产生很强的品牌认同感，于是这个具有品牌文化类型的消费社群也就由此快速形成了。在品牌社群兴起初期以线下社群活动为主，哈雷车友会就是典型的代表。一群热爱哈雷汽车的消费者聚到了一起，通过定期举办哈雷汽车品牌车友公益盛会、哈雷大奖赛、哈雷故事会等一系列的活动，将哈雷汽车的车主们紧密地联系到一起，分享他们的工作激情与努力张扬自己的独特个性。

第四，知识型社群。从狭义上来说，知识型社群就是泛指一个由各个领域的人员自发地组成的一个知识共享和学习的群体。知识型的社群是为了更好地获取和分享自己的知识而聚合发展起来的一种互联网人才社群。就其本质意义上讲，知识型社群实际上就是兴趣类社群的一种。2010年年底正式上线的"知乎"也是一种典型的知识型社群，其通过对网民进行问答及知识共享，为人们提供更多的知识资讯。

第五，工具型社群。各种新型网络社群工具的兴起及应用，为网络信息交流社群提供了一种基础性的工具，社群已经逐渐变成了用户进行实时信息交流的一种更加灵活、快捷的社交工具。工具型社群既具备了系统的应用性、灵活度、场景个性化等基本特征，又能充分满足现代人对于某些特殊场景下的人际沟通需求。

第六，相互交融的社群生态。社群主要是基于兴趣图谱、社交关系、职业学习等各种多元性需求而聚集形成。虽然社群和其他社团之间存在着明确的边界，但并非完全封闭的，相反，社群和其他社团之间应该具有紧密的联系。由于每一个人的多样性需求和类型的选择、多种社交角色及其生活情境和场景切换，一个人往往可以因时因地地被添加到多种社群中。

二、社群经济的商业形态

在传统的媒体时代，人们更多是依靠线下生活（包括工作、学习、社交）来与品牌建立"连接"。在互联网时代，人们依靠互联网络和大量的数据资源来与品牌建立"连接"。企业可以基于对大数据的跟踪和分析，实现推广的精准化，品牌商的宣传也完成了由传统媒体价值向消费者价值的转变。社群的便捷性和社交的遍在性让用户构建自己的"关系"和"圈子"变得异常简单。用户可以通过建立和参与具有不同的身份特点、兴趣图谱、生活方式的社区，自主、便利地构建一个不同的联系圈和互动关系。社群经济的这种商业形态主要表现在以下几个方面。

1. 生产模式

第一，消费者即生产者。在我国传统的商务活动中，最主要的两个角色分配与职能区别，就是企业的生产者与消费者，二者之间的界限很清晰、各有所属。在网络经济、社群经济产生之前，就已经有了消费者转变为生产者的案例。体验营销就是把消费"体验"延伸到"生产"环节，让消费者参与生产过程并获得独特的体验，且将这种体验进行增值售卖。如现在流行的田园采摘活动，就是让消费者自己"辛苦"参与劳动、自行支付运输成本，并且让消费者支付双倍甚至更高的价格，来完成果菜的销售。当下，比较受欢迎的各类定制服务，就是让更多的消费者积极地参与到"设计"这个个人生产环节中，满足其个性化的需求和获得定制品种的满足感。在互联网时代，消费者参与"生产"、主动"创造"已经成为商业变革的两大核心特点。消费者积极地参与生产和创造，正是随着互联网"去中心化"后，消费者逐渐成为"权力"中心的产物。在移动社区时代，多种多样的社群工具和社区服务产品的爆发式快速成长，更是很好地调动和激发了社区用户的主动性、参与程度和活跃程度。

第二，生产中的群体创造。移动互联网时代是一个颠覆式生存的时代，唯一能让企业免于腐朽的就是企业的快速"刷新"能力。企业进行产品创新的力量源泉是用户，充分利用用户和社群的创造力成为必然。社群平台为聚集具有相似兴趣和个性化特质的同类型用户人群，吸引更多的用户在这个群体中发挥其主动性和创造力，参与到产品的创意及研究开发中，提供了强大的技术支持。社群的这种平台性、虚拟化、互动性、不可分割的时间和空间性，决定了企业和用户、使用者和其他使用者之间已经有了直接的沟通途径和渠道，因为某个共同的特质走到了一起，走上了创造共同价值最大化的道路。在这个过程中，消费者能够充分发挥自身的想象力和创造能力，积极、主动地投入产品的设计、加工、制作和再加工中，通过这种创造性的消费方式来体现独特的人格和个性及自身的价值，从而获得更多的成就感和满足感。

第三，生产中的群体协作。理解了社群时代的用户创造力，就更容易理解用户在生产过程中的协作。正是现代互联网充分释放了个人和群体的主动性和生产力，并通过各种个体之间、团队之间的相互连接与协作，形成了集体的智慧与裂变效应，其中蕴藏着无限的想象力和庞大的商业潜力。移动互联网技术和智慧终端，加上人性化的定位服务，为社区成员提供了更多高效的协同工具。微信、微博等各种实时的工具使人们之间的协作、分享、沟通都变得很简单。"众筹""众包"式的移动协作是一种面向个性化、定制一体化、分散式的移动商务协作生态，改变了个体消费者的位置，让所有的微信粉丝、社群都有可能发展成为创新移动商务的主要推动者和市场化的投资者，打造新的社群商业生态。

2. 消费模式

体验经济时代强调消费服务的体验，依据产品生产、销售、消费的先后顺序，体验处于产品链的下游环节。而在社群时代，体验则渗透了整个产业链条上的许多环节，形成全新的商业生态，各个环节中所有人员的参与和体验都应该是将这种体验性营销的概念始终贯穿于整个社群营销的每一个环节。

第一，产品使用体验。移动终端的产品，由于其强烈的移动性与便携式特点，满足了手机用户在这段碎片化时期的使用需要，所以在移动终端上的产品实现使用体验的要求格外凸显。产品经历主要由性能与速度、互动设计、个人需求、细节创新这几个部分组成。如微信产品的社交网络设计，拍照、视频、留言、转发、分享一气呵成，群众服务功能翔实到位，支付流程简单、快捷，良好的使用体验都对微信的广泛普及起到极好的助推效应。

第二，消费中的情感体验。产品首先要充分地满足用户的需要，根据马斯洛的需求理论，主要包括低层次的功能性需要和较高层次的感知性需要，当低层次的功能性需要充分地得到了满足后，用户可以转向追求一个更高层次的需要。在信息技术不断更新迭代、产品生命周期不断延长的今天，产品的各种功能性需求和实际使用经历都在不断被推向极致化，而其附加在产品之上的感受和情绪体验也在增强，成了产品革命性的创新节点。在现代社会中，人们的本性里天然就具备一种对于社群的情感需求，再加上现代移动互联网的普及，让人们加入这个社群就变得容易了。

第三，消费情境体验。现代人的生活都是由不同的社会情境所构成的，技术的进步和发展将给社会带来不同深度的改变，而且这些社会情境将随之产生显著的变化。移动互联网和新一代智能终端的出现和普及，为人们提供了一个实时相互连接的技术依托和实时相互社交的信息系统，使人们对这个社交环境的认识程度和参与程度都比较高。

第四，参与体验。社群成员积极地参与社群活动的主要影响因素包括建立社会相互信任（Social Trust）、预测社会互惠（Anticipated Reciprocity）、增强社群认同（Increased Recognition）、效能感（Sense of Efficacy）等。社群中的每一位成员积极地参与到社群的互动中，交流自己对产品的看法，分享产品的体验，贡献产品的创意，以更好地满足自己的产品要求、感性交流的需求和对社会认同的需求。

3. 营销模式

社群营销将中国经典的品牌营销管理学说与品牌社群互动营销传统理论体系中的利益关系互动营销、定制互动营销、体验互动营销和品牌用户反馈口碑互动营销充分地融合，发挥品牌社群的利益互动性和品牌营销性的优势，重塑了企业品牌、社群、消费者之间的利益关系，在三者的共同利益互动中为品牌社群营销打造全新的品牌营销管理模式。社群信息营销的一个重要核心，就是我们要通过信息重塑与目标消费者的信息链条交互相连，形成一个精准的用户社群，这样能够直接让整个用户社群里的更多粉丝有效地交互，提升整个社群营销信息整合传播的整体效果。

第一，实时连接。我国市场营销学的理论模型范式在这三次发展中经历了巨大的改变——由传统的营销型交易模式4P理论发展至顾客营销模式4C理论，再发展至关系型营销模式4B理论。社群营销的核心是实现品牌（包括产品）和消费者（包括服务）之间的实时"连接"。

第二，激活粉丝。商业营销的第一门课就是把品牌和消费者"群体化"，定义一个品牌的主要目标"群体"，从而能够更好地适应和满足这部分人群的需求，服务好这部分人群。这个原理在移动社群中更加凸显。寻找营销的引爆点，以各种深度营销互动模式为主要营销核心的一种口碑互动营销和精准用户营销。社群粉丝营销的一个重要核心就是维持一种长久的网络社交关系且不断地培养社群粉丝。

第三，先社群，后品牌。传统工业时期是首先定义自己的产品，再从市场中寻找消费人群，最后通过自身经营品牌。在移动社区网络时代，此类商业逻辑正在逐步被颠覆。追求更高的产品特性和更好的使用体验，已经远远不足以打造自己的品牌。品牌与消费者之间需要形成长期的情感联系及深刻的感受。因为一旦我们拥有了自己的社群，也就有了粉丝的信任，品牌和消费者就找到了相互连接的路径，而这群粉丝就决定着这个品牌究竟能走多远。经营自己的社群，是在激烈的竞争中寻找生存空间且进行创新的最佳途径。

第四，个性化定制。定制营销的开始和发端当然就是"大规模定制"（Mass Customization，简称MC），其本质仍然是一种小规模的批量生产，通过各种模块的分解和柔性组合，为每位消费者提供一种个性化的商业产品和服务，通过这种柔性化的生产、模块设计、按需组装，就可以实现小规模的定制生产和批量生产的有机融合。社群营销所要求的是个性化产品定制，针对每一位社群成员的兴趣、喜好、需要，进行个性化的定制，满足社群中每一位成员的各种个性化需求，一方面可以充分激发社群中所有人的消费欲望和意愿，另一方面，可以增强社群中所有人的情绪体验和归属感，能够使他们长期地保持持续消费的积极性和驱动力。

第五，营销创新。各类大型商业与市场营销咨询活动均致力于为客户打造自己的商业社群。有了自己的社群，品牌也就拥有了与国际用户进行交流的途径；只有拥有这样的社群，品牌的国际知名度和影响力才能越来越大。

4．竞争模式：差异化竞争

互联网时代的市场竞争是基于企业和用户规模化的平台竞争。平台要求具有更高的层级性和开放性，先搭建一个具有基础技术的平台，提供更多基础性的产品和服务，以吸引更多的用户；再基于平台自行开发各种功能性服务，或者通过开放自己的应用开发权限和接口提供给第三方开发商和服务器，为其他用户提供更加多样化的功能性服务，并以此为基础进一步开发更多的用户。人们在这种情况下就可以在社会上发起并组建一个特殊的社会团体，组织并负责管理这个特殊的社会圈子。所以，移动社群经常被认为是"以小博大"，先是直接瞄准了精确移动人群的一个独特"小"的社交需求，以小型的移动社交运营工具或者应用程序作为社交入口，再通过优化各种移动人群社交运营方式的用户体验来打造精准的社群。

三、社群经济的人本主义

马斯洛著名的生活需求层面理论明确地指出，人类的需求从低等到高级依次有生理需求、安全需求、社交需求、尊重需求、自我实现的需求。其中，生理与安全需求属于每一个人的生存要求，社交需求和尊重需求则属于一种社会上的需要，而自我实现需求则属于最高阶段的需要。越是高层次的需要，就越是追求个性化、多样性和复杂化，是人们既渴望追求自身个性的实现，又渴望获得群体认可的终极需要。

国际著名社会学家赛斯·高汀（Seth·Golding）认为，社会是由人构成的，每个人都依附于各种组织。人类本身是一种群居性的动物，任何人都没有办法摆脱群体而单独存在，尤其是在精神上的独立性。消除孤独感是我们每个人挥之不去的一个要求，因此，社群这种关系网络会始终存在于整个社会当中。如今，互联网已经全方位地渗透到我国的经济、政治、文化、社会等各个领域，使我们对社会的认知更全面充分，人们通过网络可以寻求认同、宣泄情感，网络也给各种社会思潮、思想意识自由地表达、迅速传播提供了一个便利的平台。互联网改变了很多规则，其中包括品牌的建立。在互联网时代，品牌这一概念对于消费者、用户来说，更多的是基于情感，基于人们对产品及其背后的情感、产品或企业所代表的生活态度及价值观等的认可。

所以当传统的技术、商务模式重新构筑起人际交往与互动模式，则传统社会的结构也将随之解体，重新进行组织。现代社会本身就是一个庞大的陌生人社会，人与世界之间的联系应该是"个人—社会"。如果说在我们传统社会的基本单元中已经出现的是小型共同体的话，那么现在已经出现的则是"人+社群"。在每一个人都可以依靠移动和互联网等信息技术相互"连接"、相互组织的信息时代社会里，许多中间环节都显得过于多余，因此以权利和资本作为中心的控制模型已经受到了挑战，而且这些挑战的意义和影响必将愈加深远。所以在社群经济发展的过程中，更需要注意人这个群体的深远影响。

社群运营专栏1

玩转社群运营的三只松鼠

三只松鼠股份有限公司（以下简称三只松鼠）成立于2012年，总部设在中国安徽省芜湖市，其主营产品覆盖了坚果、果干等全品类休闲零食。自2012年创办以来，因为移动互联网的兴起，线上流量非常便宜，三只松鼠开始了以成本换流量的营销模式。

首先，高成本传播。2012年，很多人还不清楚或不愿意尝试付费流量，三只松鼠却花很多成本开始了品牌营销之路。三只松鼠进行线上传播，从微博开始，与多个品牌、IP合作发布抽奖活动，鼓励用户转发。要知道这与百果园的优惠活动是不一样的，优惠活动可以控制一定的成本。而三只松鼠的这波操作是为了打出品牌，让自己快速被人们所熟知，并不关注其是否为自己的精准用户，未来能不能付费。同样，电视剧播出中的网络广告植入与社交网络信息转发中的抽奖也有异曲同工之妙，只不过植入成本还在不断上升，无论是《欢乐颂》《好先生》《微微一笑很倾城》，抑或《小别离》，你都可能在社交网络上看到三只松鼠的广告。不过，此时的三只松鼠已经开始精确投放广告，将品牌定位打造出来，它所植入的几家电视剧都是当时最火的电视剧，初步的用户筛选已经完成。

其次，个性化服务与质量"营销"。"主人，主人，我是小鼠儿。"三只黄色的松鼠在酒店提供顾客服务及产品销售方面已经成功开辟了一条崭新的商业途径，酒店的每个服务人员都必须用三只黄色松鼠的专业语言与顾客进行沟通，必须称顾客为"主人"，打造一种更加个性化的服务。

三只松鼠会严格要求网站客服以一只白色松鼠的身份和所有用户进行对话，视其为宠物的主人，甚至还可以"撒娇、卖萌、聊心事"。这一产品的不断创新无疑有效提升了顾客的购物体验，强化了品牌形象，让很多顾客一听到"主人"这两个字，就想到了三只松鼠。每个顾客都认为自己应该被尊敬，三只松鼠紧紧抓住这一点，打造出一种更为个性化的服务方式，管每个顾客叫"主人"，使顾客感受到了新的乐趣，也让顾客能够牢牢地记住自己的品牌，间接地为品牌做广告。

三只松鼠力求超出用户的心理预期。它的核心战略是在每个细节上都要超越用户期望，创造让用户尖叫的服务。除了售后服务上的优质，三只松鼠也注重产品质量，给用户带来极大的安全感，让用户相信三只松鼠的质量是信得过的。三只松鼠的包装箱也别出心裁，外包装和胶带完全统一，强化了品牌的形象。三只松鼠还在包装上附上印有三只松鼠形象的开箱标签及开箱器，间接告诉用户"您购买的物品是未经过拆箱的，非常安全"，从而优化用户的体验。

三只松鼠的销售平台已经累积了大量的用户，但在2016年，它意识到靠纯电商是行不通的，所以，三只松鼠开始了从线上转O2O模式的道路。在线下店铺，三只松鼠不求卖出商品，只希望用户在线下店铺"吃好、喝好、玩好"，所以乍看从线上转移线下是消费降级，其实是另辟蹊径的营销。在线下商品店铺中，消费者只要使用三只松鼠APP对线上商品扫二维码，就可以直接将商品放入线上的商品购物车，成功将其商品引流至线上实现销售。

第三节　社群营销的运营

通常而言，社群营销具有几个核心因素：一个拥有个人故事的活动品牌或者活动发起人；基于特定的个人价值观、理想或者让人感兴趣的技术产品（如工程师）；一个可以实现个人信息实时传播的平台（如微信）；一套个人信息与个人权利承诺兑现的激励机制（包括社群成员、积分或者等级）；一个能够负责组织线上线下营销活动的营销团队；一套能够提供跨境贸易变现服务功能的电子商务营销模式。

一、聚合粉丝

在众多营销方式中，社群营销的魅力就显得十分有特色，主要体现在三个方面。

第一，社群营销是利用低成本的产品实现收益和利润率的最大化，相对于那些动辄超过上千万元的市场投入的传统营销手段而言，社群营销的低成本、高回报的市场竞争优势显而易见。在传统的营销者看来，如何让更多的消费者知道自己的产品并将其他消费者转化成为自己的购买力，就是营销工作的重要内容，而在整个社群中，每一个消费者都被认为是自己的购买力与传播能力的有机结合体，不管他们是"购买"还是"传播"，企业都希望他们能够给自己创造出巨大的效益。

第二，社群营销可以迅速地形成一种病毒式的品牌口碑和传播。口碑对于一个企业来说是至关重要的，它不仅可以在短暂的时间内提高销售额，还可以帮助企业铸就自己的品牌、助力企业长期的生存和发展。那么，企业究竟怎样实现自己的口碑传播呢？在移动互联网时代，我们所需要获取的许多信息都可以是经过筛选后的信息，有些是通过移动互联网自动筛选出来的，有些则是由专业熟人自己进行筛选出来的。我们对熟人所甄别出来的信息有一种好感，这种良好的感觉就是把其转化成为自己口碑建立的最初驱动力。

第三，社群营销可以让信息高效地在成员圈子内部传播，与其他传统的营销方法相比，社群营销则更加看重其在小组成员圈子中的地位和影响。

如同前文提到的，社群本身就是一个小圈子，社群的基础和本质意义就是连接和互动，由移动手机客户端和PC终端所组成的网络环境完全突破了空间和时间的局限，将一个人与另一个人紧密地联系在了一起，且这种紧密的联系通常被认为是一种基于熟人的连接。传播有用的信息也是通过熟人进行传播的，而有用的信息也是针对用户而言，如对好吃的人来说，美食攻略也是有用的信息，对于旅行爱好者而言，旅游攻略是有用的信息。因此，如果我们能够捕捉到用户的需求，在这个基础上去包装自己的内容，那么，用户自然会更加愿意为我们进行传播。毕竟每一个用户都希望在圈子中表现出自己的"精通"并与圈子里的人分享有用的信息和知识。而出于对熟人的了解，在收集资料、购买商品等各个方面也比较有信任，如果能够很好地获得熟人和用户的认可，那么，熟人的传播力度往往会达到超乎预期的效果。在这个基础上，社群的运营就需要将这一类有共同兴趣的"熟人"连接起来，形成一个相对开放的集体，从而对信息进行完善和传播。

对于一个品牌来说，利用强大的粉丝基础，将粉丝进行聚合，形成专属于自己品牌的粉丝群体或者是生态化的社群，有利于品牌的长期发展。在社群运营过程中，有相同兴趣的人聚合起来形成相对稳定的粉丝群体是社群运营的基础，而后粉丝群体对产品的使用体验进行分享，形成粉丝效应，从而使品牌的知名度进一步扩大。

社群运营专栏2

精准化社群营销的杂志

《知味葡萄酒杂志》（以下简称《知味》）是一家长期致力于为葡萄酒迷免费提供品酒知识和品酒技巧等的专业型杂志。对现今的中国消费者和市场而言，营销究竟应该如何去做，才能够做到低成本、高产出，并且让更多的用户在其中获得最好的体验？《知味》给出的答案是精准化社群营销。

首先，《知味》可以通过内容标签的形式来收集每个社区的所有用户和《知味》人士之间的交互性行为和其内容偏好。通过数据搜索，《知味》网站就可以根据其获得的用户资料和信息，对他们的需求进行归类，并将各种话题形成的社会性主题组合在一起。在这样的条件下，葡萄酒爱好者和用户可能会陆续被不同类型和主题的社区以互联网状态的形式所包括并融入至少一个社区的小组中。这样一来，精准的聚类划分让人们在社群中的积极性非常高，而且也精准定向地将用户感兴趣的社交网络内容资讯和产品营销的内容推荐给用户。

其次，基于对粉丝的数据库系统进行挖掘，《知味》也可以据此给其粉丝推送完整而个性化的宣传促销信息。例如，《知味》可以通过设置自动的流程准备规则，让系统自动向一个多月内曾经参加中级葡萄酒培训班和初级葡萄酒培训班的顾客发送葡萄酒培训班的相关信息。这样的个性化、差别化的优势大大提升了粉丝们购买商品的概率，也减少了信息推送的费用。

最后，《知味》还率先采取了社交平台的用户活跃率分和打分指数功能，交互频繁时平台用户的活跃度和得分指数可能会随之提高。对于后期用户群体并不是很活跃，《知味》也会发布一些以"召回"为主要销售目的的广告，从而大大减少了用户的大量流失。

总之，通过DM Hub方案，《知味》团队管理了上百万的红酒爱好者社群。产品简单易用，可以同时完成大数据的采集、分析和跟进，让一个小团队可以轻松收集大数据。在网络时代，我们必然迫切需要基于大量用户数据进行挖掘的一种个性化、精准化的网络营销才可以真正让企业社群与众不同，并以最高的效率来实现用户和企业之间的互利双赢。

二、粉丝参与

在对社群的长期运营中，粉丝的积极性和参与度必不可少，同时，也一定要努力让更多的粉丝具备积极性和参与感，这样才能更有利于推动社群的长远发展。所谓粉丝的积极性和参与感，就是为了让更多的消费者从始到终，每个阶段都能够参与。这样，消费者就可能对一件好的产品、一个好的品牌有着不一般的情绪，这种感觉就称为"情怀"。一旦消费者对一个品牌形成某种情怀，这个品牌就会形成强大的品牌势能，而一个国际品牌所能够具有的品牌力量，将会成为一个企业一笔宝贵的财富，也将直接影响到一个企业在激烈的国际市场竞争中能否取得最终胜利。

强大的品牌文化力量及其势能主要来自广大消费者心中难以割舍的一种品牌文化情怀，而广大消费者对于一个品牌的主动感受又主要来自其主动参与。品牌消费可以转化成大宗消费商品，包括大众消费品牌、高端品牌、奢侈时尚品牌、超级豪华品牌等多个不同层次。为了简单，我们根据品牌所具势能的大小，将其简单分为两类品牌：强势品牌和弱势品牌。毫无疑问，强势品牌比弱势品牌要活得"滋润"得多。

强势品牌不仅可以优先得到消费者的选择权，还有选择消费者的权利。在品牌的秩序中，因为有等级，所以有了强势品牌的势能，这种势能来自弱肉强食的对比。强势品牌向公众所表达出来的能量往往比它实际所具备的能量要大得多。因为公众所感受到的品牌势能，除了品牌自身所具备的能量，还有在宣传过程中媒体所附加其中的能量。更为重要的是，在今天的互联网数字社群中，品牌势能是公众进行再传播的能量。如果一个品牌让消费者有良好的参与感，那么就可以拥有消费者高度的忠诚度，消费者就会心甘情愿做品牌的代言人。所以，我们可以说，参与感决定了品牌势能。当品牌势能足够强大的时候，就像巨石从山顶上滚下、积水从悬崖边倾泻一样，横扫市场，所向披靡。当然，要想具备这样的势能，首先要造势。对于一个社群营销而言，要在这个时期积累一些忠诚的用户。积累一些忠诚用户的方式和手段，就是让用户能够享有很强的参与感。企业通过利用报纸、杂志及收音机和电视等传播媒介对消费者进行直观的营销，这种传统的营销方式实际上就是一种广告形式，消费者只能被动地理解和接受，却无法与企业进行有效的对话，这就使消费者在市场中缺乏一种参与感。所以，当消费者真正地深入参与了某个品牌，拥有强烈的品牌市场感和参与感之后，就一定会对这个品牌产生出极大的忠诚，并且产生一种情怀，这种情怀将会直接赋予这个品牌无比强大的市场力量和品牌势能。

对于消费者来说，对一个品牌产生了情怀，既会有心理层面的"瘾"，也会有身边人所带来的"诱惑"。一个人面临自己忠实的品牌时，毫无抵抗力，比如对于一个果粉来说，你刚刚买了iPhone4，还没用多久iPhone5出来了，你会抑制不住冲动再去买iPhone5，哪怕是通宵排队都毫不犹豫，这就是情怀。小米对外号称自己拥有一支十万人的产品开发队伍，这并不完全是吹牛，因为广大用户确实能够参与到小米产品的开发中去。但是对小米来说，他们最大的价值不是在于帮忙开发出了多么优秀的产品，而是他们通过参与，成了小米的忠诚用户，对小米产生了一种不可割舍的情怀。这种情怀造就了小米强大的品牌势能。

三、线上线下联动

在我们运营一个社群时，我们需要认真思考以下的问题：你们是否也为您的粉丝开展了线下的各种活动？

在移动互联网的新兴时代和移动社交网络媒体横行的当下，如果你还在努力制作一件新型的工业革命时期的产品，你只需要展示最初的设计方案来对它进行小批量生产即可。但是，随着现代科学技术的进步，基于移动互联网，我们需要把消费模式从以前的日常生活中分离出来，需要适应并积极推进一种连接消费者、集合消费者的数字化的品牌社区。

在这个面向移动化和互联网的新发展时代，消费者真正需要的不仅是一双类似赛马式的跑鞋、一部移动智能手机，或者说是一辆电动摩托车，而是一种本身具有共同存在价值的互动陪伴感和亲密度。而且现在移动端和互联网恰恰将大家都自动凝聚到一起，满足了移动粉丝们的各种共同点和兴趣爱好，成功地使他们形成一个社群。因此，只有当你的客户群变成了你的用户，用户变成了你的粉丝，粉丝变成了朋友的时候，你才算成功运营了一个社群。

社群运营专栏3

我是江小白，生活很简单

重庆江小白是指由重庆江小白酒业有限公司旗下的重庆江记高粱酒庄及其所有者自主酿造出来的一种经过自然植物加工、优化、发酵和天然蒸馏而酿制成的中档高粱酒及其生产品牌。

在中国，大部分的白酒直接通过传统渠道进行销售。然而，江小白则从人群定位、O2O营销上面完成了对传统产业的逆袭。江小白是江记酒庄致力于推出的一款浓郁清香型的小曲酒，产品特别针对青年消费者。江小白强烈地主张简单、纯粹的人生态度。江小白作为一个非常典型的全渠道网络营销案例，是如何在当今这个网络营销时代中生存下来的呢？2013年，中国的白酒产业已经走到了"冬天"。在许多白酒品牌的销售量并不理想的情况下，江小白却脱颖而出。它究竟是怎样做的呢？我们可以通过以下几个方面进行分析。

首先，江小白把自己的品牌定位于80后、90后的年轻消费者。在这样一个文化丰富多元的时期，白酒产品行业那种传统的营销方式已经太不适应了。喜欢饮用白酒的大部分都是老年人，青少年比较喜欢红酒、酿造啤酒。但是，80后、90后仍然是当今社会的一大主流，他们也喜欢饮用白酒。于是，"江小白"青春小酒系列品牌便正式面世。

其次，江小白酒被认为是一种富有生活态度、深厚感情的现代白酒。既然说江小白是一款专门针对80后、90后的中档白酒，那么它就一定要与80后、90后这个年轻群体的特点相结合。不管是在名字的设计上，还是在个性化的包装上，江小白都能够带给客户一种非常特殊的视觉感受，让人容易记住。江小白的品牌特点如图4-4所示。

再次，打造好看的内容。江小白把自己有意思的视频内容和产品紧密地联系在一起，通过互动式的社交网络平台分享一些最令人感兴趣的短片和视频。在对基本语言内容的整合创作和系统构建过程中，江小白的方言语录可以说是写得实在太有趣了，它同时拥有80后、90后喜欢的语言风格。江小白的语录诙谐幽默，看了江小白的语录，人们就会瞬间愉悦起来。

最后，线上线下互动营销。江小白不仅开展线上线下营销，同时还积极组织线下的营销活动。江小白擅长的是制造一个能够有效激励粉丝主动、积极参与和踊跃转发的互动媒体点，通过将线下和线上的各种互动传播方式进行融合，不断提高互动粉丝们的媒体黏性。

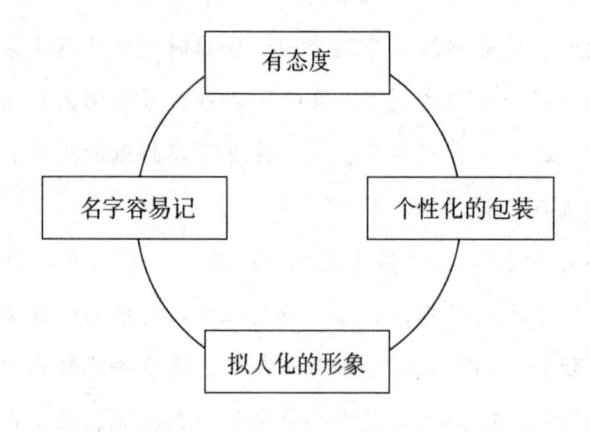

```
           有态度
    ┌──────────────┐
名字容易记         个性化的包装
    └──────────────┘
          拟人化的形象
```

图4-4 江小白的品牌特点

总之，江小白这个中国白酒品牌的成功，是因为它懂得审时度势，不断创新；针对80后、90后的特点重新打造自己的企业品牌，使之独具一格，并且能够充分利用社交网络资源进行品牌营销，紧跟时代发展的步伐。

四、打造核心社群

在互联网时代，通过个人的影响力获取自己的核心用户，已经不再是什么秘密了。这些核心用户不但商业价值高、活跃度强，而且非常忠诚，同时还有比较长的重复消费周期，可能在未来10年都会是我们的客户，而社群，正好是当下最适合聚集核心用户的一个载体。

在社群运营过程中，核心社群的作用尤为明显。核心社群的存在，有利于扩大品牌的影响力，同时聚焦核心成员，提高品牌商业价值。那么，如何打造一个优质的核心社群呢？我们需要注意以下几点。

第一，明确社群目标。就像上战场打仗一样，如果没有人告诉我们进攻的方向和进攻的目的，我们就不知道力气该用在哪儿。社群也是同样的道理，社群不是一个人，是一群目标和志向相同、相近的人凑到一起的集合地，清晰的定位可以帮助大家找准位置，方便后期的维护。有了共同的目标，社群内部的群成员会更有动力，也会更加活跃。

第二，设立核心社群门槛。设立门槛的目标在于筛除一些不符合社群定位的好友，把一群人生方向一致、兴趣相投的人邀请到一起。这样一来，就可以给符合社群定位的朋友提供一个不嘈杂、无广告的互动交流环境，社群中的每一个成员都可以通过自己和社群的各类互动获得有价值的信息，也帮助企业积累了更核心的客户群，为企业发展做好铺垫。

第三，设置核心社群关键领袖。大家想要加入一个群体，必定是能在这个群体中获得或者学习到有价值、有帮助的东西，这种可以把目标相同的一群人聚集在一起的关键领袖，可以是个人也可以是企业或者团体。有了关键领袖，可以迅速建立信任，成员获得成长，品牌获取口碑，是很好的双向价值，企业的后期产品或者是服务的覆盖也就更为有效果。

五、沉淀社群文化

社群传统文化。社群关系可能被认为是一种特别复杂的社交关系，它蕴含着一种社群的精神或一种社群的情感。任何一个组织要想能够持续存在，必须建立一套属于自己的企业文化框架，通过这套企业文化框架对内能够凝聚企业的人心，对外能够树立自己的品牌。而这套组织的文化理念和体系的核心是回答三个问题：组织的存在是为了什么？一个组织到底要实现什么样的目标？一个组织要在实现什么样目标的过程中秉承着什么样的理念？一个群体和一个组织最大的区别是一个组织具有共同的目标，而"共同的清晰目标"是凝聚人的最大力量，其中，社群的目标包括实现经济目标、扩展人脉、最大化兴趣、品牌推广等。

在初步形成了属于自己的企业文化系统之前，我们需要思考，我们的企业文化社群到底能够给人带来什么样的价值。在寻求企业文化价值的过程中，首先，我们需要紧紧抓住企业和用户的苦难点。其次，我们需要特别注意一个社群的存在性应该是互惠、共赢的，价值至少应该包括两个基本指向，第一个指向是构建一个社群应该对群主或者自己的品牌具有什么样的影响力；第二个指向是对成员有什么价值，成员之间又会有什么价值，这是我们必须要通过这种价值的传递和引导才能去发挥和实现的。

企业社群只有通过努力发展给予企业社群全体成员一种新的温度感、存在性、优越感，成员才能够有更多机会一直保持发展下去，并且不断传播自己的企业社群品牌文化，成为整个企业社群的社群主角和品牌代言。

第四节 社群运营内容

内容是社群发展的前提，也是吸引用户的重要手段。同时，内容既是对社群价值的一种体现，又是其推动社群经营的重要依据。如果没有了内容,那么这个社群将会显得很单调,难以适应更多年轻人的生活。因此,在进行社群经营的过程中,内容还需要充分丰富,企业还需要从社群的特点、社团成员属性及其需求等方面做出自己的内容。同时,有了优质的、具有社群个性和特色的网络内容之后,随着这些社群网络内容的广泛传播,可以进一步扩大整个社群的知名度,形成品牌,吸引更多成员参与其中。

一、讲好内容

传统的互联网时代的市场竞争,是基于平台和用户规模的替代性平台之间的竞争,谁拥有了用户谁就抓住了先机,哪个平台给每位用户提供的一站式服务的能力越强,对于用户的整合力也就越强,平台之间的竞争就是你死我活的竞争。而在这个移动端和互联网的大时代下的社群,又具有了新的行业市场性和竞争性。社群运营平台聚集的是具备巨大无限人群差异化的目标人群,所以它们往往具备着极强的人群差异化。个体具有的社会自由性和社会主动性,赋予不同的个体社群活动多元化、灵活性和社会可持续扩展性的基本社会特点。同一个社会群体中的每个人通过不同的社群活动可以满足多层次的社会生活活动需求,不同的社群中的人可以通过各种不同社会活动方式进行相互间的衔接。

乔·普利兹和罗伯特·罗斯曾经说过:"优秀的营销内容必须具备生命力。它就像是你所要讲述的一个故事,是人们的意志与情感之间的延续。"优秀的网络营销就是在谱写一个故事,数字时代的网络内容营销,当然也会出现一种完全不同的传播方式:优秀的网络故事、伟大的思想等，这些才能成为传播的推动力。

在社群的运营过程中，企业需要做好内容，讲好自己的故事、产品的故事以及企业的故事。在互联网时代，优秀的内容营销者会让客户参加到价值内容的互动中，寻找合适的时机把他们纳入网站中。发些有帮助性的、有趣的和有价值的内容，人们会更愿意与你交流。这样关系才会有所发展，然后再围绕你来创建社区。创建社区会更好地服务于你的企业。社区内的潜在客户会很乐意从你这里消费，很快你就会远近闻名，自然而然地你就会拥有一大群拥护者，他们愿意从你这里得到指点并分享到他们的网络。

社群运营专栏4

罗辑思维让用户尝试着去思考

罗辑思维，知识服务商和运营商，主讲人是罗振宇。罗辑思维包括微信公众订阅号、知识类脱口秀视频节目——《罗辑思维》、知识服务APP——得到。从上线至今，罗辑思维积累了大量铁杆粉丝，由一款互联网自媒体视频产品逐步成长为当前影响力较大的互联网知识社群。

首先，脱颖而出的魅力。罗辑思维具有知识魅力和理性之势，它的细分受众多被视为知识分子群体中的志同道合者，在节目中不以娱乐和猎奇为主要卖点，更加强调挖掘各个主题所蕴藏的理智力量和对价值观的判断。

其次，与众不同的选题。在节目选题上，《罗辑思维》的落脚点是强烈的理想启蒙和现实关怀。罗辑思维的节目涵盖了政治、经济、历史、社会、民生以及互联网等众多领域。

再次，节目具有趣味性。为了大大提高这档节目的兴趣和意义，罗振宇通常都会选择使用一些诙谐的口头语、自嘲讽刺的话语，再加上丰富的表情，给观众一种轻松愉悦之感。无论是对于历史中重要人物的非正式常规解读，还是对于各类社会现象的透析、公众事件的剖析，节目都充分体现了独立思考、理智批判的精神。

最后，精准定位。罗辑思维有着精准定位、品牌经营的分众传播理念。一些视频剧的产生与发展，反映了中国文化的发展已经呈现出大众文化、主流文化与精英文化相互交织与融合的趋势。在大趋势下，一档节目不仅要求具备明确的受众定位，还要求通过细分受众获得认可。

罗辑思维的口号是：有种、有趣、有料。节目的风格也的确如此，体现出节目的魅力，而这正是它吸引人的原因。罗振宇以"死磕到底"的精神打造了一系列高品质节目，通过富有魅力的讲述，传达了现代人对知识、自由、独立以及未来的向往。罗辑思维的网络社群在精神上带给用户快乐和满足；在学习知识的方式上，长期向用户提供有趣的逻辑思维；在日常生活中，向用户传递接地气的生活常识。

二、提高黏度

社群营销的优点就是网络社群可以更好地黏住用户，把用户当成朋友和家人，通过深层的情感互动维系与用户之间的联系，使其可以进行更深层的消费升级，二次销售、三次销售、四次销售以及多次销售。当你的产品得到用户的认可时，用户还会为你带来新的用户，当你的产品在用户中得到流转，那么就会产生品牌效应，对你的品牌发展也是有利的。你的产品销售出去之后，更需要注重的是售后服务，提升黏性，留存用户。

虽然各个社群特点都不一样，但是每个社群肯定都有一个共性，群内成员的兴趣点相同或者群员间有共同的利益。可以瞄准群员的共有属性，在群内输出有价值的内容，挖掘更多有用的信息。要想提高黏度，在社群运营的过程中，我们需要把握住内容，当我们输出更多干货的内容时，受众的印象会更加深刻，从而对品牌和产品产生更深的印象。除此之外，我们需要给用户自由言论的权利，每一个社群都有群规，但是群规不能太多太复杂。假如有人不小心做了一些不重要但是又与群规相悖的事情，群主就将人踢出去了，不仅用户不服也会给群员太大的压迫感。同时在社群的运营过程中，需要做好规划，比如发什么内容，如何与群员互动等等。如果没有一个长远的计划，一开始社群发展还好，但是后面很有可能走不长远。想要社群走得长远，最好规划好近一年的计划或者近三年的计划，不做规划的运营很容易让社群处于危险之中。

三、如何输出好内容

综观那些成功的中国网络社群，会有人发现一个明显的共同点：它们的形式和内容并不是单一的，而是十分丰富、多样的。在社群运营过程中，对于内容的把握必不可少，要输出优质的内容，需要把握以下几点。

第一，把握优质的素材。优质的素材可以让社群的内容保持在一个相对较高的层面上，这意味着它们是有价值的。真正地给每一个群员呈现一些有价值的"内容"，就是真正有用的一件事情。这样，才有机会长久地留住每一个优秀群员。在涨粉困难的关键阶段，社群到底该如何做才能吸引更多的用户，并且有效地主动留住更多的用户？这就好比我们购买了一个家用吸尘器，它真的非常好用，可以把地吸得干干净净，让家庭成员欣喜，而如果这个家用吸尘器的外表很美，但是它的实用性却比较低，那么永远也吸引不了更多的用户。

第二，准确定位受众群体。想要输出好的内容，只有优质的素材是远远不够的，正所谓"萝卜青菜，各有所爱"，每个人对于不同事物的看法和评价都不相同。例如，对于一个旅行爱好者来说，一份优质的美食攻略并没有比一份相对普通的旅行攻略更具魅力，这就说明我们在选择输出好内容时，不仅要准确把握好内容的品质，同时我们还要确保输出的受众群体和内容之间是相互匹配的，也就是我们需要精准定位自己品牌的目标受众群体，同时利用优质素材进行传播，这样的方式更容易被接受。

第三，聚焦热点话题。互联网时代，媒体使用者的各种阅读、消费习惯和使用行为会因社会信息传播渠道的不断转换而逐渐发生改变。现今，人们的视频注意力已经逐渐变得越来越稀缺，随着手机移动端和互联网迅速发展兴起的各种碎片化的音、视频内容阅读方式使普通用户的视频注意力逐渐降低，"精简"也就因此显得越来越重要。同时，媒体内容也需要紧扣特定社群用户的媒体品牌文化口味与使用需求，我们现在正处于媒体信息量大幅度爆炸的关键时期，四面八方都充满了各种信息，这就迫使我们必须想出办法，使社群媒体中的每个媒体人撰写的内容都必须能够与其社群成员关注的信息挂钩。除此之外，我们需要善于聚焦热点话题，热点话题意味着受众广泛，人们都十分关注，所以当我们学会关注这类热点话题并以此为基础输出有价值的内容时，人们对社群的关注度就会变高，这样也有利于社群的长期运营。

章末案例

蔚来是如何炼成的

蔚来是一家以体验驱动的全球化智能电动汽车公司，2014年11月，蔚来由李斌、李想、腾讯、高瓴资本、顺为资本等深刻理解用户的顶尖互联网企业与企业家联合发起创立，并获得数十家知名机构投资。

蔚来汽车董事长李斌曾多次解释，他对于蔚来的信心来自"高端车团队+重金投入+一流供应商+成熟制造经验"。蔚来汽车在全球约有3000人的研发团队，每年研发投入10亿美元以上，整个制造管理团队做高端车的经验丰富，再加上江淮成熟的制造经验，组合在一块儿"不可能不行"。

蔚来将"质量是信仰"视作愿景。质量管理体系是确保提供高质量产品和服务,最大限度减少浪费和发挥体系化效率的中坚力量。蔚来质量管理体系的五大支柱由产品开发质量、合作伙伴质量、制造质量、售后和服务质量、电源管理质量构成,涵盖了蔚来所有业务,不单是传统车企的产品研发、制造物流、供应商管理/采购,更融入蔚来创新业务和商业模式中。如用户体验和服务、充电补能等,真正诠释了从用户需求到用户服务完整增值链横向拉通的质量体系管理。基于业务链而搭建的纵向结构化质量管理体系,从质量战略层逐级分解直至执行层,不仅确保了质量战略落地,更是各层级质量管理提升体系化效率的必要条件。为了持续满足用户期望而提供卓越的产品和服务,蔚来的质量管理一方面吸取集成了传统车企的百年积淀,另一方面融合了当代管理理念、创新商业模型、先进制造工艺和前瞻技术。蔚来坚信这种方式将来能孵化出具有蔚来特色的卓越质量管理理念,也能成就用户导向型质量管理的标杆。

汽车诞生的120多年来,从来没有一个品牌像蔚来这样,用4年就推出量产车并敲钟上市。除了快速发展,它在价值观与价值感知上,与所有的传统汽车公司都大相径庭,甚至与其他新能源汽车品牌也有所差异。李斌的理想决定了品牌的内核,蔚来是一家尊重人、尊重人性、持续为人们带来美好体验的用户企业。

首先,随着2000年以后互联网产品的兴起而被普及,"用户"这个概念我们并不陌生。互联网背景的李斌对"用户企业"的理解与定义,已经超越了互联网,并非简单地以人为中心打造产品。蔚来以"用户企业"打造了一个品牌与人结合的崭新的"共同体"，包含共享利益、共建品牌、共伴成长。蔚来的核心用户具有极强的共性，第一，他们自信果敢，偏爱新鲜事物，用户在考虑与了解新能源汽车时，对一些负面评价也有所了解，诸如车辆自燃、机械性能质疑等。但几乎每一位访谈对象都表示，在理性分析后选择忽略。第二，用户需求以增配为主，兼顾事业与家庭。无论一线城市，还是二、三线城市，核心用户的需要目前以增配为主。购入蔚来前，其至少拥有 1 辆汽车，部分人拥有 2 辆。已经保有的，75%为豪华品牌燃油车，25%为 B 级中档燃油车。用户预期的汽车，既要满足带着全家舒适出行，也要满足招待客户应酬往来的面子。

其次，作为一家用户企业，蔚来与用户的关系不仅限于此，为实现用户与品牌的可持续发展，蔚来针对关系模型构建高能量的社群。不少旁观者认为，蔚来的车主很特别，极其主动地维护蔚来，可以字字珠玑、长篇累牍地与意见不同者论战。主动维护，他们对品牌具有高度的忠诚，品牌与用户形成深度价值连接，这恰恰是家人关系的特征。这也是其他品牌求之而不得的。大部分品牌与人的关系，都是逐渐演进的，从陌生人到熟人，到友人再到家人。关系层层加深，数量逐渐减少。蔚来非常特别，从陌生人到熟人阶段比较慢，远弱于其他汽车品牌。熟人到友人之间的阶段，会因为试驾而快速转变。购入车辆后，用户会因为各类优质服务极速转为家人。入驻生活方式平台，开始活跃互动。订车后，蔚来的工作人员会与你密切互动，帮你熟悉规则、融入社群。比如，告诉你如何更多地赢得积分与蔚来值。这个时候，用户感受到了"蔚来工作人员是自己人"。同时，用户也会更深入地分享自己对蔚来的各种体验，逐渐成为

"蔚来人"。试驾是人们对蔚来认知刷新或转折的重要接触点。首次试驾普遍带来不错的体验，但二次试驾，尤其是异地二次试驾，无论是数字端的反馈与提醒，还是蔚来顾问的跟踪服务，都出现缺失。案例团队就遇到了"不知道约没约上"的基础问题。蔚来需要为众多NIO House（用户中心）以外的试驾提供支持与帮助。除了NIO House外，试驾也实实在在发生于已购车主的生活场景中，也有用户选择在没有试驾的情况下就订了车，原因也很简单，该用户有已经反复体验过蔚来车的朋友，他们作为新晋车主，也同样在向周围人分享体验。

最后，作为一家追求极致用户体验，并且让用户深度参与的用户企业，量产产品质量是质量部面对用户的窗口，承担着管理量产车型终身产品质量和驱动持续改进的重任。相比于传统车企，蔚来有着更广阔和更深入的用户交流平台，比如NOMI Debug 和 NIO APP，用户反馈的意见1秒钟即可抵达系统后台，客服团队12小时内给予回复。这对于售后质量改进的工作既是一种优势，也是一种挑战。为了保证问题的快速响应和有效解决，蔚来建立起一套具有特色的量产产品质量管理机制，包括：40个跨功能块的专业质量行动小组；问题解决和可靠性测试团队的有机整合、互动；贯穿市场前端案例信息和产品后端质量改进的问题管理平台。

本章小结

从传统社群入手，介绍了社群形成的条件和背景，并进一步讲述了互联网社群的形成过程，详细讨论了移动互联网对社群的影响。同时，讲述了现代社交工具的愈加丰富推动了社群的发展与进步，并且对社群经济解构和社群营销运营的方法步骤进行阐述，从而达成讲好内容、提高黏度的目的。

第五章

长期价值

社会的需要就是企业的机会。

——美团CEO 王兴

许多经济学家口中经常会提到"长期主义"这个词，字面上的解释就是长时间坚持做一件事情，不计较回报。但是很多人都不知道它的核心内涵其实是"创造长期价值"，只有当一家公司可以创造长期的商业价值和社会价值时，在市场上才会有更多的长期投资。随着互联网的快速发展，大数据和人工智能开始成为社会经济的主心骨，各大互联网公司都开始达成了一个新共识，即为了获得更加长久的商业价值，就要先把社会价值做大做强，这样才能保证企业在数字经济时代获得更加长久的可持续发展。

> 开章案例

盒马鲜生极速发展的四大战略

  盒马鲜生是阿里巴巴旗下继天猫、菜鸟联盟和蚂蚁金服之后开发的又一成员，也是马云在提出"新零售"概念后对线下超市做出重大调整的新产物。盒马鲜生在人们眼中拥有多重身份，首先，盒马鲜生是超市，在装修、运营、摆列、消费方式方面跟传统的线下超市没什么区别；其次，盒马鲜生是餐饮店，盒马鲜生在全国各地拥有多个门店，每一个门店的设计都有一个共同的特点，就是在商品销售区域之外，还有接近1/3的门店面积是给消费者提供就餐服务的，消费者可以在盒马鲜生设置的加工档口，支付一点儿加工费，把自己买的食物做成美食，既可以在餐饮区吃完，也可以打包带走，方便又快捷；最后，盒马鲜生是一个大型的菜市场，但里面所售卖的食材都是经过精细处理的，不需要担心不新鲜或者回家还要花很多时间来处理，最让人心动的是，盒马鲜生里能够以超市的价格现场吃到绝对鲜活的海鲜，这是在很多海鲜餐馆都不一定能体验到的。如果只有这些和人们平时生活习惯接轨的身份，盒马鲜生是不足以在上线这么短的时间就能够在市场占有一席之地的。它是互联网大数据时代的产物，其创始人侯毅原来是京东物流的负责人，他利用自己的经验将移动互联、自动化技术等现代化技术以及多种先进设备融入盒马鲜生，打造了和传统零售业完全不同的新零售，盒马鲜生拥有一套集供应链、仓储和配送为一体的完整的现代化物流体系，目的就是让用户能够像点外卖和网购一样，在一定时间内收到商品，配送快是盒马鲜生的一大闪光点，距离门店三千米范围内，只要在盒马APP里下单就能够在30分钟左右送货上门。有支付宝的强力支持，使整个消费过程变得更加流畅便捷，对于没有时间出门或者不方便去门店消费的用户来说，真的是一大福音。在服务业逐渐成为行业主体的趋势下，创始人侯毅明确了盒马鲜生的主营业务就是服务，且服务对象主要分为三类，第一类是针对晚上大部分时间都待在家里的家庭用户，他们有更多的时间来准备自己的餐食，但可能懒得出去购买食材，盒马鲜生的送货服务为他们解决了这一难题；第二类是针对办公室人群，为工作繁忙的他们提供便利套餐或轻餐；第三类是针对在周末或者假期会带孩子去逛超市的用户，既能享受到逛超市的乐趣，又可以享受美食，对家长来说有很大的吸引力。盒马鲜生的运营模式区别于传统的零售行业，没有复杂冗长的中间环节，蔬菜都是每天从基地直接采购的，整条产业链的费用被大大节省了，让消费者能够享受到亲民的价格，并且通过全程冷链运输，保证商品的新鲜度，每天卖不完的商品都会被直接销毁，给了消费者足够多的安全感。正是因为有这么多的优势，盒马鲜生在进军生鲜行业不到半年的时间里就实现了盈利，之后在全国范围内不断开设新的门店，在杭州、深圳等城市取得了不错的发展。

  盒马鲜生作为一个"生鲜电商"，可以说是行业里的一个传奇，因为生鲜本身的特质使传统的生鲜超市面对很多困难，特别是食品的保质、保鲜需要耗费很多时间和精力，而盒马鲜生在电商领域则要付出更多，这也是很多传统生鲜超市不敢尝试的一个重要原因。偏偏就是这样一根硬骨头被盒马鲜生啃下来了，还能创造出比传统生鲜超市多3~5倍的坪效。它为什么能够取得如此大的成功呢？当然离不开盒马鲜生的四大营销战略。

  盒马鲜生充分认识到了坪效极限这一概念，坪效是用来衡量传统零售行业的经营效率的，它的意思是一个门店每年每平方米所能够创造的收入，因为线下门店的投入成本很大一部分是门店租金，所以坪效越大意味着经营效率越高，盈利的能力也越好。而对于单纯的电商行业来说，因为投入的主要成本是人,所以每个人每年能够创造的收入称之为人效。不同行业所产生的坪效都是不同的,且差异非常大,因为行业之间存在价格高低、行业集中度和购买频率等差异,如手机、加油站等行业的坪效相对来说是比较高的,而服装行业的坪效相对来说较低。不管坪效高低,都存在各自的坪效极限,也就是不同行业不管怎么努力都无法突破的一个天花板,而盒马鲜生正是认识到了零售行业存在的坪效天花板概念,所以有了接下来的战略。盒马鲜生创始人侯毅对坪效这一概念有区别于传统观念的看法,他认为坪效不应该仅仅用线下门店的总收入来衡量,以前线下的门店的确只能服务到店消费的消费者,但如今随着互联网的不断发展,人们不需要出门也可以购买商品,所以线下门店完全可以借助科技的力量,为那些不愿意出门或者离门店距离较近的人群服务,从而创造出不受门店面积所制约的"线上总收入",这样就能够提高零售业的坪效。

侯毅有了这个想法之后就与阿里巴巴的CEO一起确定了盒马鲜生的发展方向,以打造一个优良的顶层设计。首先,他们认为盒马鲜生是一个线上与线下相结合的生鲜电商,线下零售只是一小部分,最重要的是要让线上收入占据重要部分,这样才能更多地提高坪效;其次,为了使电商的运营成本能够产生相应的价值,盒马鲜生每天线上的订单要超过五千单,这样才能够产生规模效益;再次,盒马鲜生的配送范围为三千米半径内,且配送时间是在30分钟内,这也是考虑到生鲜这一产品的特质,不能长链运输,三千米这个范围大概能够覆盖28平方千米的面积,平均包括了三十万户住户,这样的距离就能够及时给用户配送,成本也不高,还能培养用户对品牌的忠诚度;最后,盒马鲜生要满足消费者在不同场景的消费需求,线上、线下都要努力打造不同的消费场景,这样才能够把品牌做大做强。所以,盒马鲜生的本质就是一个被门店武装了的线上、线下一体化的生鲜电商。做好顶层设计之后,盒马鲜生所要做的就是如何把这些要求一一实现。传统的生鲜超市要想完成销售，就必须把消费者吸引到门店里面来，让他看到商品才有可能完成交易，是人找货，而不是货找人，线下门店就是交易的一个终点。侯毅却对线下门店有不一样的看法，他认为线下门店是提供交易的一个场所，是交易的起点，它能够为企业收集流量，通过各种方式把门店附近的消费者吸引过来，如果只把眼光放在线下交易，那么就不可避免地受到坪效的极限的制约，为了突破这个极限，就需要寻找新的消费者。互联网把成千上万的消费者聚集到一起，创造了无限的消费潜力，所以电商才是交易的终点。消费者在盒马鲜生线下门店消费，然后门店通过各种优惠方式吸引消费者成为线上的会员，逐渐为线上门店积累流量，从而扩大电商规模，为消费者提供更好的消费体验。

盒马鲜生这一营销逻辑可以用"吃—转—送"三步法来概括，首先，"吃"体现在盒马鲜生不仅能像传统生鲜超市一样提供海鲜等产品，还在商品陈列区外专门设置了就餐区和加工食品的档口，消费者买了海鲜等食品之后可以支付一点点加工费请厨师做成美食，享受即刻美味，这种以平常价格就可以在现场吃到海鲜的体验是非常棒的，吸引了更多顾客前往。但盒马鲜生这个设计并不是为了在零售之外再赚取加工费，这些收入跟昂贵的门店租金比起来根本不值一提，它最重要的目的是通过提供与众不同的优越消费体验，增加消费者对盒马鲜生的产品的信任和偏好。因为购买之后就可以当场品尝，食材的新鲜度和质量是可以保证的，不像外卖和网购，只能通过图片和视频来了解商品，但之后会收到什么样品质的商品是完全不能保证的。且在超市内开餐厅是需要很多审批的，营业执照和卫生等方面要求都更高，让消费者对盒马鲜生的印象又加了分，消费者对盒马鲜生的产品产生信任感是品牌营销的第一步。

其次，盒马鲜生的营销方式转向了APP，习惯用支付宝和微信埋单的人如果去盒马鲜生购买商品，只能用盒马APP埋单，现金、刷卡、支付宝通通不行，这一点对于很多人来说是无法接受的，因为装一个APP，再绑定银行卡对年轻人来说是一个很麻烦的事情，更不用说不擅长玩手机的老年人了，很多人都因为这个事情不愿意去盒马鲜生消费。但创始人却宁愿少赚点儿钱坚持这个原则，因为盒马鲜生的顶层设计重点是线上收入，把消费者从线下引到线上才是主要的任务，而盒马APP就是一个导流的法宝，虽然这一要求很不方便，但很多消费者都在消费过后对盒马鲜生的商品很满意，所以也慢慢地接受这种支付方式了。有了用户体验，也有了盒马APP，盒马鲜生接下来要做的就是让那些不愿意出门购物，住在门店附近的人群在APP上下单买东西。要想在传统零售行业和外卖行业中脱颖而出，就要有好的商品和快捷服务加持，盒马鲜生为了让门店三千米范围内的消费者能够在三十分钟内收到货物，专门打造了一条智能传送系统，利用科技的力量提高效率，十分钟出货，二十分钟送货，这样快的速度让消费者觉得用盒马APP购物特别方便，且企业因为有强大的智能系统，使最后一段路配送不需要冷链车，降低了物流成本，达到了双赢的效果。

最后，盒马鲜生完成顶层设计是战略选择，但获得成功仅仅有战略是不够的，还需要帮手的助力，而消费者愿意埋单就是最好的帮助。不管是在零售行业，还是其他行业，能够让消费者获得利益才能够产生源源不断的交易，盒马鲜生在这方面做得比较务实，不搞那些花里胡哨的打折促销和套路销售，盒马鲜生切切实实为消费者的利益做出了许多努力。比如，在食品质量安全方面，盒马鲜生里的产品都是当天卖，卖不完的就清掉，让消费者每天都能够享受到最新鲜的食物；由于生鲜产品的质量无法标准化，消费者会有不同的消费体验，为了贯彻消费者获益的企业理念，盒马鲜生推出了无条件退货这一服务，不管是什么原因，不需要证据，快递员会直接上门取货，虽然这一服务可能会使企业利益受损，但还是被执行下去了。令人出乎意料的是，这个服务并没有使退货率提高，反而打消了用户对企业的不信任感，增加了用户黏性，提高了品牌的声誉效应。

受新冠肺炎疫情影响，线上行业的发展也迎来了一个新高度，很多消费者都减少了去菜市场和超市等公共场所的频率，更多地使用线上消费，特别是对生鲜行业的需求有了大幅度的增长。盒马鲜生在行业内拥有的优势使它的营业额不断上升，但未来生鲜行业的竞争将更加剧烈，盒马鲜生只有不断地在原有的业务基础上开展新的业务，增强用户体验，提高效率，降低投入成本，才有可能维持长期的可持续发展。

第一节　消费者主权时代变迁

我国的消费形式随着时间的流逝在不断发生改变，从最开始的物质匮乏、种类稀少、市场供需都由政府分配，人们只能被动消费的计划消费时代，到人们可以自由选择商品、销售渠道多样化的自由选购时代，再到供大于求的品质消费时代，人们对物质生活有了更高的要求。步入消费者主权时代之后，人们不再单纯地满足于产品品质和服务质量，而是对商品的个性化、社交化及商品的附加值有了更多的要求。互联网的发展促进了消费形式的转化，以用户为中心成为大多数企业的经营战略。如何增强用户体验，满足消费者需求，抓住消费者的心是所有企业都在努力探索的事情，也促使企业调整战略布局。

一、流量单价逐步上升，引流难度越来越大

以前，对于一个企业来说，产品的品质是吸引消费者的关键，但到了现在这个信息发达的互联网时代，品质不再是企业唯一的闪光点。网络媒体的传播性让商家与消费者的距离变得更近，电商的兴起让购物更加简单便捷，商家在面对更加广阔的平台和数量惊人的消费者的同时，也面临着更大的竞争。对于传统的零售商来说，门店的竞争对手只存在于一定范围内，而他所要做的就是把门店周围的消费者吸引过来，通过各种优惠活动、打折促销增加自己的业绩。但如今的境况却不一样了，人们的消费形式发生了很大的改变，线上消费开始成为主流，所以企业也纷纷转战线上，不管是开网店、入驻微店，还是其他线上销售渠道，都有成百上千的企业在竞争，对于任何企业或商家来说，流量就是生存的关键。

为了增加产品的曝光度，企业就要用各种营销方式来获取流量，也可以说是获取粉丝，没有流量是赚不到钱的，只有让越来越多的消费者看到你，才有可能将流量转变为收益。为了引流，企业可能会花大价钱投广告、做促销、请明星代言等来换取流量，代价虽然很高，但换取的流量所创造的价值是不可估量的。在流量为王的时代，企业家都在努力寻找流量，并且通过流量获取了不少的利益，但随着越来越多的电商和微商以及其他经销商的加入，平台流量已经成了供不应求的稀缺资源。物以稀为贵，流量的单价也开始慢慢变高，许多商家发现付费流量比以前高了许多，广告费现在也是贵得吓人。如果只是流量贵倒也没什么，企业家依然能够通过流量获得可观的收益，但最让人头疼的是，随着流量单价的提高，获取的流量和成交量却比以前更少了，对原本利润就比较少的商家来

说无疑是雪上加霜。

导致流量单价上涨的原因有以下几点，首先，跨境电商的兴起使全球的卖家都聚集在了一起，卖家的数量增加了也引发了激烈的流量争夺战；其次，平台为了赚取更多收益，会对付费的广告给予更多的扶持，这对没有付费的广告流量是一种冲击，刺激他们购买付费广告；最后，平台的各种营销手段也促使卖家去购买流量。所以，流量单价就在多方的共同作用下慢慢提高了，想要吸引更多的流量就要付出更多的成本，再加上直播和短视频等社交模式的兴起，消费者的消费行为更加个性化，对产品和服务的要求也越来越高，选择相对来说更广，对于企业家来说引流就变得更难了。

面对流量贵、引流难这一问题，企业家也要灵活变换思维，化被动为主动，不要漫无目的地广撒网，而是要有针对性地找到自己的目标用户，找到对自己的产品有需求，同时又有能力购买自己产品的消费者，让他们对自己的产品产生信任感。在这之前企业要先找准自己的定位，确认产品的性能功效，再找到合适的推广者，如微博大V、知名直播网红和其他有一定影响力的社交达人，由他们为自己的产品进行推广。要知道，长期从事社交、拥有庞大的粉丝群体的他们，会比很多平台广告有更大的价值，也能减少自己的成本，收获更多的流量。不管是纯电商模式还是线下模式都已经不再适应如今这个时代的发展了，只有线上和线下充分结合，促使企业转型才能突破发展瓶颈，新零售、数字营销就是企业为了发展探索出的新模式。

二、消费者信任机制单向变立体

随着社会经济形态的变化，消费者的消费习惯也会随着收入和资源等的变化而变化，从我国二十世纪七八十年代到现在，消费者的生活习惯和消费方式都发生了翻天覆地的变化。二十世纪七八十年代的消费者，不管是物质资源还是精神资源都不丰富，那时候还是凭票购买东西，没有钱或没有票都是买不到东西的，所以消费者对商品几乎都没有要求，能买到就好了。但如今的社会物资丰富、娱乐项目多、生活便利，消费者手上的钱多了，可以供选择的商品更是数不胜数，所以对于商家来说生意没那么好做了。消费者对商品的需求也有了一个明显的变化，从追求便宜实用的低质量商品到如今追求便利实惠的品牌产品，可以说消费者的消费越来越具有个性化，对商品的价格、品质和服务等各方面都有了更多要求，对同类产品的消费可能要经过深思熟虑，比较不同的商家品牌，特别是电商行业的兴起使消费者有了更多的主动权，在挑选商品时可以比较价格、质量和服务等各方面的差异。对于商家来说，交易就没有那么容易达成了。这就促使企业和商家要根据消费者的需求变化来调整自己的经营模式，以用户为中心，增强用户体验，尽可能地争取消费者对品牌的信任和喜爱。

在互联网还没有那么发达的时代，商业都是以实体店为主，人们在门店消费可以亲身感受到商品的质量，对商品的各种物理性质可以有一个很好的理解。但门店的面积是有限的，可以容纳的商品也是有限的，消费者面临的选择就只有这么多，而且如果要对一个商品的价格、质量或者服务有一个更好的理解，则可能要花很久的时间在各大商场转悠，但还是很难挑到物美价廉的商品。而且由于地理位置的差异，不同地区的同种商品价格上也相差很大。为了解决线下消费所面临的问题，电商应运而生，2003年淘宝开始出现在大众的视野，这是人们第一次通过互联网交易，淘宝平台上的商品大多数是物美价廉的，而且通过手机电脑就可以逛不同的店，不用出门，不用讨价还价，在家里就可以收到货物，价格也比很多实体店要便宜，很多消费者在线下的门店看到喜欢的东西，会拍照回家，在网上购买更加便宜的同种产品，所以淘宝取得了不错的发展，之后有更多的电商企业加入这场盛宴。虽然线上消费比实体店消费更方便快捷，但经过十几年的发展，电商平台出现了过饱和状态，太多的商家企业让消费者眼花缭乱，有时候花一整天的时间也找不到自己想要的商品，再加上现在的消费者对品质和服务等方面有了更高的要求，网上便宜的东西已经满足不了消费者的心理预期，而且线上消费有一个致命缺点是消费者无法亲身感受到产品，都是通过图片和视频等信息来了解的，不知道快递送过来之后会收到什么样的产品。一旦不符合自己的要求，就有可能会退货。现在物流如此发达，退货也很方便，所以线上的退货率一直都很高，商家的收益就少了。

　　消费者的信任机制单向变立体就促使企业商家要做出改变，迎合消费者的个性化要求，既然线上消费和线下消费都有各自的优缺点，那么为什么不将两者结合起来呢？阿里巴巴和腾讯率先提出的"新零售"概念就是为了解决这一问题，新零售是将线下实体店和线上电商的优势结合起来的全渠道购物环境，目的是提高消费者的消费体验，更好地满足消费需求，以获得消费者的喜爱与信任，促进企业未来发展。

三、互联网影响下的行业生态改变

对于很多企业而言，互联网带来的是效率的提高，信息通过各种网页、平台实现更快速、更广泛的传播，人们的时间得以碎片化，各种软件把社会的方方面面串联在一起，不管是社交、购物，还是传播，都是那么方便快捷，但必须认识到的一个问题是，在社会被逐渐互联网化的过程中，企业已经是互联网的附属品，接上了互联网，就有可能获得无数的资源和利益。但如果没有互联网，就什么都干不成功，因为资源的有限性和对资本利益的角逐，互联网在提高效率、减少企业的运营成本的同时，也使竞争变得更加剧烈而复杂。在互联网的影响下，传统的商业模式和经济形态不断受到新兴技术的冲击，共享经济是这个时代的新主题，企业只有积极做出变革，才能适应新的市场变化。

传统的经营模式中，企业居于主导地位，消费者因为信息不对称等原因处于劣势端。但随着经济不断发展，人们的生活水平逐渐提高，消费者的需求也被大大刺激了，且生产力的提高使市场的供给出现了过剩，消费者的地位开始慢慢提升，不仅对产品的品质有了更高的要求，还对产品的价值和服务产生了更多的关注。互联网的崛起在一定程度上减少了信息不对称给消费者带来的利益损害，消费者通过互联网能够获得丰富的信息资料，电商的产生提供了更多多样化的选择，一系列的现象都表示消费者的主权时代已经到来，企业要以用户为中心，迎合消费者的多样化需求，创新自己的商业模式，而互联网是最好的机遇。传统的运营和营销模式已经不适应当前的市场需求，大数据技术的诞生为企业对消费者进行更加精准的分析，做出科学的决策和提高企业运营效率做出了巨大的贡献。

大数据是指能够对规模庞大的数据进行获取、储存和分析的一种数据集合，是互联网时代的高科技产物，大数据对于企业而言是一项法宝，它能为企业进行数据处理分析，找到目标消费人群，提高精准营销的准确力，它能让中小微企业向服务行业转型，最重要的是，让处于互联网压力下的传统企业可以利用大数据进行战略转型。在大数据的影响下，各大企业纷纷变更传统的营销方式，转而采用数字营销方式，大数据营销是指通过互联网的社交平台、购物软件和其他网络平台收集大量的用户行为数据，找到企业产品广告的目标受众，对广告的内容、投放时间以及形式做出预测，并为不同群体的消费者制定个性化的商品和服务，最终完成广告投放营销过程。

数字营销是企业在信息爆炸时代做出的企业战略调整，也是新一轮的行业风潮，数字生活的普及让消费者站在了主位，大数据营销让企业能够精准地抓住用户，根据用户的需求来进行产品定位，调整产业布局，以最快的速度打开销售渠道，提升品牌知名度。互联网对企业既是机遇也是挑战，不断促使企业进行变革，各种新兴技术的诞生使社会正朝着更加开放包容的环境发展，行业间的共享互利也成为如今的发展趋势。

第二节　企业数字化改革升级

在早期的信息化时代，科学技术还没有那么发达，所以需要耗费很多的人力来收集和统计数据，建立一个又一个数据库，形成结构性描述。而发展到现在，云计算、大数据和人工智能的新技术渐渐走上了时代的舞台,利用这些技术把现实世界的模样储存在计算机中,也就是所谓的数字化。数字化是当代社会发展的新主题,对于很多中国企业来说,数字化既是机遇也是挑战。2020年以来,全球经济陷入了经济下行状态,工作与生活都受到了很大的影响,许多企业因为没有足够的订单和流动资金导致破产,在这次危机中大数据却发挥了巨大的作用。之前虽然一直在强调大数据等新技术会对经济起到颠覆性影响,但很多企业并没有将智能化和数字化作为自己的长期发展战略,也没有在相关布局上投入过多的资源,疫情期间许多智能应用和大数据技术被广泛应用在多个场景中,加速了数字化的进程,这也让更多的企业家重新认识数字化,加快了企业的数字化改革升级。

一、数字化改革赋能企业新动能

传统的信息技术通常被企业用于提高经营效率,创新管理模式,但数字化不仅能为企业带来更高、更有效的执行力,而且能够提高企业的作战能力,加快企业成长步伐,迅速做出有效决策,简化烦琐复杂的工作过程。数字化改革可以赋予企业新的动力,增强企业竞争力,推动企业快速发展。

首先,数字化能够提高企业的管理效率。传统企业收集数据需要将任务一层一层派发下去,之后再由专人进行整理分析,效率特别低下。采用数字化后,企业的信息系统会根据大量的数据形成数据报告,之后企业建立的数字化平台就能用智能技术对数据进行汇总分析,为管理者提供具有决策参考意义的数据报表,管理者根据这些报表就能快速有效地应对市场的不确定性和复杂的业务。

其次，数字化能够提高企业的响应速度。对于企业各部门来说，都有各自的职责和利益，在工作时需要协调各方利益，有时候做出的一个微小的调整，都要耗费很长的时间才能完成，因为响应慢，所以经常会错过好时机。数字化改革之后，企业的供应链、销售链、营销链和财务等职能部门都可以实现融会贯通，一旦企业有了新的目标需要投入资源或者某个项目发生了错误需要做出调整，各个环节都能快速响应，给予全力支持，推动企业高效发展。

最后，数字化也能够提高团队间的协作效率。企业团队与团队之间因为工作职能有区别，常常会导致沟通有一定的障碍，数字化改革之后，各部门都会有专门的端口对接人员，无形中打造了一个没有边界的团队，当企业需要各个团队达成一致的意见，并采取步调一致的行动时，就能尽快实现，并展现出强大的团队战斗力。

如果一个企业能够充分利用数字化为自己注入新动能，而不是仅仅停留在管理和销售层面，那么企业就能够实现更加快速的发展。

长期价值专栏1

吉利如何突破企业数字营销痛点

吉利是浙江吉利控股集团有限公司的简称，是于1997年在我国创立的专注于汽车制造生产的一家民营企业，多年来凭借超强的实力与创新能力，实现了跨越性的发展。2012年，吉利以1500亿元人民币的总营业收入成功进入世界500强，是中国民营汽车企业中唯一一家入围的企业。

吉利从创立以来一直致力于打造品牌的多元化，所以不仅努力研发自己的汽车品牌，还慢慢收购了国内外多个其他汽车品牌，现在吉利拥有十多款汽车产品和多个品牌系列，对于创立才二十多年的吉利集团来说，如此迅速地扩大企业的品牌布局，给企业的数字化营销带来了许多难以解决的痛点。从线上营销来看，吉利主要存在以下几个问题。

首先，吉利为了能够大范围地吸引用户的关注，建立了二十多个营销网站，每一个网站的运营都是单独的，各有各的风格，让用户眼花缭乱，无法辨别哪一个才是正规的官方网站。

其次，吉利所建立的营销网站在数据方面并不是共享的，不同的供应商连着不同的服务器，都有自己的想法与战略目标，所以用户在浏览吉利汽车的官网时，经常找到的都是不准确的信息，无法给用户提供需要的目标信息。

最后，由于各个营销网站是不怎么关联的，用户无法实现沉淀浏览，给用户带来了不好的服务体验，留下了不好的企业印象。

吉利为了更好地实现数字化营销，针对线上营销，吉利从2017年以后就开始构建统一的数字化平台，以供所有平台使用，因此增强了平台之间的数据互动和用户体验。之后，吉利集团将产品网站、电商网站和官方网站统一到一起，构建了一个标准的数字资源共享的平台，不仅提高了企业的运营效率，还节约了运营成本，对于用户来说也获得了更好的浏览体验，这些举措使企业的线上销售更加流畅，为客户提供更好的服务，挖掘了许多潜在用户，未来也将构建更多有利于发展的新平台。针对线下营销，吉利集团通过人工智能技术和大数据等为经销商提供了更加准确的定位营销，以便向客户提供各种车辆销售和售后等服务。除了构建统一的数字化平台，为了更好地网络营销，吉利展开了与电商的深度合作，拓宽了销售渠道。

在大数据时代，数字媒体对消费者的购买行为和心理变化有着举足轻重的影响，所以吉利也致力于开发数字媒体价值，在媒体传播方面进行了一系列的布局优化，让消费者能够及时获取有关企业的活动信息，扩散到更多的用户群体中，大大提升了品牌的知名度。吉利在数字营销方面所做的一系列改革升级，为企业创造了多个新的价值点，比如降本增效、增强用户体验和获得电商支持等，为企业的可持续发展增添了新动能，促进企业更好的发展。

二、建立数字化中台

数字化中台这个概念是由阿里巴巴提出来的，其本质意义是指将不同业务的数据收集起来，采取统一的标准进行加工处理，以便为用户更好地提供数据服务。最初，阿里巴巴提出建设数字化中台是因为传统的信息系统无法应对现在企业面对的一些棘手的问题，比如"双11"业务量暴涨时的系统卡顿失灵问题，庞大数据的线性可扩展性问题，还有业务系统常常存在的解耦问题等。虽然其名称是数字化中台，但本质上依然是一个平台，阿里巴巴把它叫作"共享服务平台"，只是在传统信息平台上做出一些组织结构和技术方面的调整升级，目的是建设更加符合大数据时代发展的创新机制。阿里巴巴启动数字化中台战略之后，受到了许多企业的关注，它们都在准备或者正在建立数字化中台，以完成数字化改造。

那么为什么企业要倾向于建设数字化中台呢？可以从企业的角度来考虑这个问题。

首先，对于很多企业来说，特别是零售商，现在都不是只采取一种经营模式，从线下门店到线上销售，未来还会朝着更加多元化的方向发展。为了能够更加快速有效地适应企业经营模式变革，需要建设一套新的中台系统，提供数字化技术与平台。对于零售商来说，现在的零售市场已经不像原来那么好做了，竞争激烈是不可避免的，但更令企业焦虑的是，随着互联网的发展与普及，零售市场的格局发生了巨大的改变。从原先的线下门店消费到后来的电商、小程序等到家消费，已经形成了多元化的零售格局。企业现在不能只选择线下门店和到家消费的其中一个，这样在行业之间是不具备竞争力的，只有坚持以门店为基础，将线下业务与线上业务紧密融合在一起，才能实现多元化的运营模式，增强自己的竞争力，而这些是需要强大的信息系统技术来支持的。除了适应多元化零售模式之外，企业为了应对线下门店客户越来越少，线上消费者越来越多的情况，需要用各种手段来寻找和激活线上客户，吸引消费者的兴趣，增强用户体验，而要做到这些就需要采用数字化的营销手段，利用互联网的在线化链接手段来改变零售商传统的营销环境。建立数字化中台就能够把企业的营销、交易、库存等管理系统全部打通，打造一套全新的数字化营销方案。

其次，对于品牌商来说，以往市场都是采用经销商的单一业务模式，但随着互联网技术的不断升级，大数据时代的到来改变了这种情况，品牌商大多数都采用多元化的分销形式来扩大企业的销售格局。值得肯定的是，多渠道分销肯定是比单一渠道更有利于企业的发展。电商的崛起使大半的消费者转移到了互联网，而后来的新零售则让线下门店又找到了新的价值空间。

最后，不管未来还会出现怎样的分销模式，品牌商现在要做的就是建立数字化中台，把企业的各个分销体系和终端系统结合在一起，促使企业形成一个统一的整体，优化运营程序，节约交易成本。

总而言之，建设数字化中台对企业完成数字化变革具有重要的影响意义。未来，数据是企业发展的关键，数字化中台的建立能够为企业提供更好的数据处理技术，有利于企业做出更好的决策，适应市场变化。

长期价值专栏2

国内排名领先的水果零售品牌如何发展

百果园是2002年中国率先创立的一家水果特许专卖店，其全称为深圳百果园实业发展有限公司，其公司业务包含了整条水果产业链环节。经过十多年的发展，百果园在2017年实现了线上线下一体化。到了2020年，百果园在全国范围内开了4000多家门店，会员数量超过了5000万人，是国内排名领先的水果连锁零售品牌。

百果园原先使用的ERP系统是比较传统的IT结构，随着百果园线上业务的增加，ERP系统已经无法支撑线上的高流量，所以百果园开始寻找适合企业运营的数字化解决方案，为此专门成立了"百果科技"子公司，专门从事数字化研究。2015年以后，百果园的线上业务开始迅速增长，不管是为了将线上线下全渠道的供应链、订单、营销等全部业务实现线上线下一体化，还是为了节约成本、缩短流程等原因，原有的系统都无法支持百果园未来的发展计划。特别是在管理预算、流程和成本方面，存在着数据重复使用、流程重复等数据孤岛问题，系统明显缺少灵活性，不利于企业更加高效的运转。

首先，百果园开始从ERP转向数字化中台。2019年下半年，百果科技负责为百果园进行中台升级，其需要解决的主要问题就是减少百果园的工作人员、IT团队和中台厂商之间关于业务需求的理解偏差问题，比如收银过程的"长短款"问题，还有技术需求等问题，都需要百果科技作为中间的调节剂，充分了解各方的需求和特点，以减少理解偏差。耗时六个月，百果科技建立了业务中台，通过业务就可以打通库存、订单和营销等全渠道业务体系，实现线上线下一体化。

其次，在数字化中台框架下，百果园的采购、配送和销售等业务都更加协调，工作流程被大大优化，企业整体的运营效率都大幅提高了。利用强大的数字化中台，百果园能够更灵活地适应市场变化，采取更加及时有效的措施来面对各种危机。

最后，建立数字化中台后的百果园可以更好地整合线上和线下业务，根据消费者的需求变化来调整企业的运营方案，特别是在新冠肺炎疫情期间，能够维持供应链、销售渠道及配送的完整性，将精力主要放在线上销售，尽全力满足消费者的需求，以此弥补线下门店暂时的亏损，实现整体盈利，数字化中台就是百果园的一张王牌。

百果园创建百果科技是数字化中台能够建设成功的基础，有百果科技这个专业的IT团队，百果园的数字化研发进程不断加速。百果园有两驾马车，即品牌和渠道，它还有三根支柱，即其在信息、科技和种植方面的科学技术，这些战略组合促成了百果园的快速发展，未来的科技会有新一轮的升级，市场需求也会发生新的变化，百果园要坚持在数字化方面的研发，并且将数字化全面应用到水果零售的上下游企业中，优化业务流程，加快数据处理与分析能力，创新数字化解决方案，坚持以用户为中心，进一步做大做强水果连锁品牌，走出国门，走向世界。

三、企业完成"大船掉头"营销变革

建立数字化中台为企业的数字营销改革创造了条件，这就使企业可以慢慢地从传统的营销方式中摆脱出来，转向更加适合企业发展的数字营销方式。传统的营销方式与消费者的关联程度不高，企业大多数是通过大面积投放广告来提高品牌的曝光度，既无法锁定目标消费者，实现精准营销，也不能让消费者参与到品牌建设中来，成本是投入了，但达不到理想的营销效果。企业进行数字化营销改革之后，就可以借助大数据、人工智能和云计算等互联网技术，进行更加有效的营销，并且能够节约大量的成本。数字营销在探析消费者需求方面有更多优势，可以帮助企业制订更好的营销计划，使营销效果更加精准，为品牌的推广带来了更多机遇，这是完全不同于传统营销方式的。

数字营销能够了解客户需求是因为有大数据技术的支持，通过对用户数据进行分析预测，给企业提供营销思路，提升企业的营销效果。现在不

管是互联网科技公司还是广告公司，都认识到数字营销的无限潜力，它将点燃新一轮的商业变革，未来哪个企业能够率先完成数字营销变革，就能在市场中抢得先机，通过搭建数据平台提升企业的竞争力。

第三节　数字营销的价值发展

随着信息时代不断发展，很多新技术顺势而生，人工智能、物联网和区块链等技术在多个领域的运用在改变人们工作和生活的同时，也在改变行业的运作模式，对数字营销的影响更是不容忽视，这些新技术为数字营销的创新与变革提供了新的机遇。

一、人工智能：优化与效率

人工智能技术是20世纪以来的世界尖端技术，是指可以通过计算机来对人类的某些思维或行为进行模拟，从而对人工进行替换。目前，人工智能技术已经广泛应用于各个领域，对人类的生活产生了巨大的影响。随着大数据时代的来临，人工智能技术在数字营销方面也起到了一定的促进作用，因为人工智能拥有比人脑更加强大的处理能力，可以容纳庞大的数据库，并且对数据进行分析处理，更重要的是很多烦琐的工作都可以由人工智能来完成，它的高效率能够对数字营销起到很强的优化作用。

首先，人工智能可以从各个互联网平台收集到大量的数据，企业就可以运用这些数据对消费者的需求进行分析预测，从而制定有针对性的营销策略，提高了企业的运营效率，并且回报率也会增加。

其次，现在很多线上营销都非常注重与用户之间的交流沟通，以便为他们提供更好的消费体验，所以需要客服或者小助手这样的功能存在。人工智能聊天机器人是企业的一个很好的选择，它是一个自动化的工具，能够24小时全天候在线，随时为客户解决问题，对于企业来说不需要雇佣太多员工，优化了企业管理程序，也节约了很多经营成本。

最后，人工智能可以根据消费者的喜好制定出更好的广告和营销活动，为企业品牌进行推广，扩大品牌的销售。所以，人工智能技术对数字营销的影响是深刻且拥有巨大意义的。未来会有更多的企业采用人工智能技术为数字营销赋能。

长期价值专栏3

太太乐携手小度AI设备实现精准营销

上海太太乐食品有限公司（以下简称太太乐）是我国调味品行业中的领军企业，创立三十多年来，一直坚持着让生活更美好的企业使命。成立至今，太太乐旗下的调味品种类多达数十种，如人们日常所需要的酱油、麻油和调味料等。太太乐的品牌核心是鸡精，这也是它最有名的产品之一，太太乐的创始人荣耀中经过多年努力，和团队研究出了以鸡肉为基础材料的复合鲜味料，称之为"鸡精"。

太太乐主要生产的是家庭烹饪所需的调味品，根据对消费者的数据分析显示，女性和有孩子的家庭会更需要烹饪，她们经常在重要的节假日或者是节气对美食的咨询比较多，而目前能够更多地接触到她们日常生活的就是家庭智能设备。所以2020年太太乐就和小度在家展开了合作，通过小度在家的智能AI设备，将太太乐全面覆盖到小度用户在求知、问询和娱乐等场景中，将品牌理念深深地传递给消费者，增加品牌印象。

首先，将小度在家中的高频天气问询场景和太太乐产品使用场景串联在一起，比如当立冬要吃饺子时，就会出现太太乐的酱油广告文案，提示用户可以直接在商品页面进行购买。太太乐围绕立冬场景和小度在家创办了AI答题大赛，话题都与立冬的知识有关，目的是让用户学到更多的立冬饮食知识，在其中插入有关太太乐调味品在初冬美食中的作用等话题，并且只要完整观看太太乐产品的小视频就可以实现复活，既加深了用户对太太乐产品的印象，又提升了用户的参与感，是一次双赢的结果。

其次，太太乐在小度在家中的"魔鬼厨房"游戏中成为植入品牌，用户在游戏过程中，可以得到太太乐的指导和帮助。用户可以通过AI智能语音呼唤太太乐，直接获取太太乐提供的菜谱或者是教学视频，里面包括了用户所需要的详细做菜步骤和材料。

最后，小度在家的听音乐服务也是太太乐增加品牌曝光度的一个机会。用户使用小度在家智能设备是被它的智能语音所吸引，可以通过对话的形式输出指令，小度在家即可按照指令行动。太太乐在品牌语音的互动过程中插入有关产品的信息，如"0添加"等，只要用户参与到品牌语音互动中来，就可以享受到听音乐的服务，期间的品牌信息是在用户心情愉悦的时候输出的，效果比平时要好得多，所以更能在消费者心中留下良好的产品印象。这些场景营销可以说让太太乐深入到了消费者的日常生活中，实现了与消费者的互动，有趣的游戏和活动吸引了大量用户参与其中，加深了消费者对品牌的认知和印象，营销效果非常好。

太太乐与小度在家的战略合作是利用人工智能技术为企业的数字化营销增添动力，不仅增加了产品的曝光度，还吸引了更多消费者。这次的成功合作证明了AI技术在数字营销中的正面推动作用，与此同时其他行业也正在利用AI技术为企业的数字营销赋能，所以太太乐未来要探索更多的营销模式，与其他的互联网公司展开更深入的合作，充分利用好人工智能和区块链等新兴技术，为企业的数字营销改革升级提供更好的支持。

二、云计算：平台与共享

云计算是一种网络计算技术，它是信息时代的一个伟大革新，通过这个技术可以对庞大的数据进行快速处理，以提供更好的网络服务。云计算最核心的概念就是将许多计算资源整合起来，通过互联网，为用户提供安全快速的数据存储和云计算服务。云计算实际上是创建了一个资源分享平台，让互联网用户可以在上面提供和分享数据，而需要这些数据资源的人只需要支付一定的金额就可以获取。并且云计算的存储空间非常大，处理能力也非常强，使用户可以不受空间和时间的限制来获取资源。

云计算现在已经成为各个领域都在使用的基础应用，它对数字营销的促进作用是不容小觑的。首先，云计算能够在很大程度上减少企业在数字营销中的投资数额，因为云计算的资源是可以按需购买的，企业不需要购买复杂又昂贵的网络服务器设施，也不用雇佣很多技术人员来维持设备运营，减少了很多生产成本，同时企业可以将节省下来的成本转投到营销策略的开发中，这对于规模相对较小的企业来说是一个新机遇，能够以低成本参与到数字营销中来。其次，企业进行数字营销的工作重心就是要对营销的目标和效果进行精准分析，而这些需要对海量的数据进行计算处理才有可能实现，这就意味着企业需要拥有强大的数据存储、处理和分享能力，云计算的高扩展性和大规模的存储空间正是企业所需要的，所以云计算为企业洞悉用户的行为特征提供了数据平台，以便实施更加精准的营销方案。最后，云计算不仅为企业带来了便利，而且对每一个使用互联网的用户来说都是一种福利，这样强大的数据分享平台把互联网的各段用户串联在一起，让企业能够更大范围地实施数字营销。

三、区块链：透明与信任

区块链是信息技术的一个专业术语，本质意义是指用来储存数据信息的一个共享数据库，它是数学、计算机编程、密码学和互联网等多种科技的集合体，拥有追踪溯源、全程留痕和不可篡改等本质特征，这些特点使区块链的透明得以保证，从而为区块链可以创造信任打下了基础。最初的区块链技术是比特币，每一笔交易信息都可以在区块链中查询追踪到，并且所有数据文件都相互关联，牵一发而动全身，所以任何有意的修改或者删除文件的行为都可以被察觉到，在很大程度上保证了交易的透明和安全，所以区块链从开发之初就被广泛应用到金融行业中。但随着区块链技术的不断升级以及自身的优越性，更多行业也开始将区块链引入到企业的经营战略中来，同时也有越来越多的人注意到区块链为数字营销的改革升级带来了新的机遇。

区块链的追踪溯源和不可篡改等特性是迎合了当代消费者的高品质要求的，随着电商行业的兴起，网络购物变得越来越方便，但不管是线上还是线下消费，消费者都处于信息弱势的一方，因为无法对产品的真伪和来源进行辨别，所以很难对新产品产生信任感。而区块链则可以帮助消费者对产品从原材料到加工，再到仓储等生产链全过程有一个详细的了解，在了解了商品的详细信息后，消费者就会增加对商品的信任感，从而增加消费。区块链的这些功能是企业进行数字营销的一个新方向，当代的消费者不仅仅对产品本身的质量有高要求，还对生产该产品的厂商以及生产过程有了更多的关注，区块链使产品的信息变得更加透明化，让消费者可以对自己购买的产品进行真伪识别，甚至观看产品生产的全过程，这比任何大规模的广告营销都有说服力。所以，越来越多的企业利用区块链来为产品的数字营销增添新动力，以公开透明的产品信息来增加消费者对品牌的信任感，从而促进品牌的销售。

长期价值专栏4

用区块链技术构建全链条可追溯体系

易见纹语科技有限公司（以下简称易见纹语）是易见股份于2019年成立的一家致力于发展可信农业的科技公司，成立之后把工作重心放在构建农业数字化平台上，并且努力把区块链和人工智能等技术应用在农业推广等领域，其研发团队拥有很多来自著名高校的博士、硕士，创新能力非常强，所以能在短时间内取得很好的成果。

可溯源技术是云南普洱茶行业用来帮助消费者对产品进行追踪溯源和辨别真伪的，消费者通过对购买的茶饼进行扫码，可以在一定程度上证明自己购买的茶饼是真实可信的。但由于传统的溯源技术存在很多局限性，特别是技术方面满足不了现实需求，所以导致其不能进一步发展。主要缺陷存在于虽然消费者可以进行终端扫码来判断产品真伪，但是茶饼上的二维码芯片并不是唯一且不可替代的，很可能被调包或者篡改，而且茶饼生产的各个环节也不能做到溯源，从种植、采摘，到加工、精加工，再到最后的仓储流通等环节，都缺乏有效监管，消费者无法对产品产生足够的信任，也就阻碍了普洱茶行业的进一步发展。易见纹语所构建的茶纹云系统能够有效弥补传统可溯源系统的一些缺陷。

首先，茶纹链通过区块链技术保证了茶饼上的二维码不可被替换，做到真正的"一茶一码"，消费者通过扫描二维码即可获得该茶饼的详细信息，包括产品的合格证明等。

其次，除了二维码之外，茶纹链还为它加了一道防线，即用高级的茶纹识别技术对茶饼的纹理进行识别，做到"一茶一纹"，并且把茶纹跟二维码绑定在一起，增加消费者对产品的信任感，茶纹之所以可以被识别是因为每一个茶饼都是由几万片茶叶压制而成，拥有与生俱来的茶纹特性，这个是不可能被替换的，茶饼出厂的时候厂家就会为茶饼进行茶纹录取，通过人工智能技术为每一个茶饼制定一个高纬度的茶纹矢量，把它上传到区块链中，这样消费者就可以对茶饼进行验证，看看购买的茶饼是不是和出厂时一样。

最后，茶纹链还利用区块链技术对整个生产过程进行录制，包括茶饼的种植、采摘、加工和存储等全部生产过程都被剪成了一个个小视频，存在了区块链中，消费者扫二维码时也可以看到这些视频，保证了生产过程的透明化，让消费者对产品的质量安全产生信任感。易见纹语用区块链和人工智能技术为普洱茶行业的可信销售提供了技术支持，可溯源系统不仅是为向消费者提供更加安全可靠的产品、增加消费者的信任感而构建的，对于企业来说它同样是一个很好的数字化平台，因为它涵盖的不是单纯的消费者和零售商之间的市场交易，还把茶园、茶厂、经销商和质量监管部门都加入进来，让企业可以对整条产业链进行监管，及时发现问题，并且获取更多的消费数据，为企业的战略调整指明了方向。

易见纹语的可溯源系统虽然是以普洱茶行业为工作重心所打造的，但是却能够服务于其他农产品行业，为整个农产品行业的数字化升级贡献了一份重要的力量，这也是区块链技术在农业的一次成功应用，大大提高了我国农产品溯源的准确度和信任度，让消费者对产品的品质有了更多的信任感，进而增加对农产品的消费。未来区块链和人工智能等新兴技术将是整个市场的发展方向，易见纹语不仅仅要把这些技术应用在农业行业中，也要延伸到其他行业，利用区块链的优势不断创新，特别是对区块链在数字营销方面的应用进行积极的探索，用区块链技术让商品信息变得更加透明，改善产品信息不对称的问题，使消费者在线上消费和线下消费都能够买到高品质的产品，为数字营销变革提供一个新方向。

四、物联网：触媒与精准

物联网的本意是指万物相连的互联网，通过各种红外感应、信息传感器和扫描器等技术装置，对需要监控的物体或者过程进行实时采集，采集的信息包括声音、光感、位置和热度等，从而将可能接入互联网的所有物体都串联在一起，对他们进行智能识别和管理。现在市场上许多设备就是物联网的一部分，比如智能手表、联网汽车和数字家庭助理等。物联网不仅能够让我们的生活方式发生巨大的改变，还能创造出全新的商业模式，对数字营销的运作方式也是有很大影响的。

物联网的诞生加速了大数据时代的发展，它使用户可以从各种各样的接触点获得范围更广的数据。对于企业来说，可以利用物联网进行更加精准的数字营销。首先，因为物联网技术让企业能够对客户的旅程进行追踪，这样他们就能跟客户产生更多的接触点，在适当的时机和客户进行互动。随着接触的增多，企业能够对客户的行为有更深的了解，就可以根据这些信息进行更加有效的营销。这种营销方式会涉及客户的隐私问题，所以公司和营销人员需要在守法的基础上合理地使用这些数据，保证数据来源是合法的。其次，企业通过物联网可以收集到消费者在各个社交平台上所分享发布的信息，从而对他们的日常生活有一定的了解，而对于企业来说，要想将智能手表、家庭自动化设备和恒温器等物联网设备更好地推销给消费者，就必须知道不同的消费者对这些设备的需求是什么、买来做什么用、一般在什么时候用，以及对设备有什么不满等，这样就能够根据这些信息调整自己的营销战略，为这些人群制定更加贴心的产品服务，吸引他们的注意力，以达到更加精准的营销。最后，物联网和云计算之间强大的关联度使营销人员的市场调查能力被大大提高了，因为物联网设备能够为企业收集到更多的用户数据，从而可以对用户的需求进行更好的分析与预测，及时改善自身不足。物联网技术是信息时代又一伟大创造，为企业的数字营销改革升级增加了优势。

章末案例

隐藏着"中国品牌"最真实一面的企业

安踏是于1991年在福建晋江创立的一家专门生产专业体育用品的民营企业，经过多年的发展，安踏已成为市值超过千亿元的国内运动品牌，同时也是世界范围内排名第三的运动品牌。

从创立之初到现在只有30年的安踏，为什么能走出国门，成为世界知名的中国品牌呢？

首先，是安踏的产品定位，现代年轻人中，有一大部分喜欢追求国外奢侈品，不喜欢国货，这是国产品牌一直无法突破的一个重要原因。安踏却打破了这个障碍，成为年轻人心中很好的运动品牌，甚至可以跟耐克和阿迪达斯等国际名牌相抗衡。安踏的产品定位就是年轻人，因为它本身就是一个运动品牌，年轻人占据了大部分的消费市场，所以安踏为了吸引年轻人的喜爱也是下足了功夫。从篮球品类开始研发是安踏吸引年轻人的第一步，篮球品类也一直是安踏品牌的核心领域，篮球是大多数年轻人都会喜爱的运动项目，随着国内的运动浪潮不断掀起，安踏也在致力于研发出更适合打篮球的运动鞋，因为安踏发现耐克等品牌的篮球鞋是专门设计给在塑胶球场和木质地板打篮球的消费者的，而在中国，大多数人都是在水泥地上打篮球的，鞋子没穿几次就坏了，所以安踏从耐磨这个角度开始研发出与众不同的篮球鞋，还不断更新自己的产品，以迎合更多消费者的需要，安踏的这个行为抓住了年轻人的消费心理，得到了很多称赞，2018年安踏的篮球鞋销售量超过了四百万双，位列全国第一。

其次，安踏为了打入年轻人的消费圈，让他们对安踏品牌保持长期且持久的热爱，安踏开始采用跨界联名的方式来实现目标，2018年安踏与NASA出了两款联名鞋，分别是"零界"跑鞋和"御空"篮球鞋，酷炫的设计加上品牌效应让安踏在年轻人心中有了更高的地位；2019年安踏抓住《复仇者联盟》的热度，与漫威出了一款联名鞋，当天的销售量就达到了五千双；2020年安踏又与卫龙推出了千禧联名款，在年轻人的圈子里激起了不小的浪花，也积累了很多忠实粉丝；安踏在电商平台也做了不少努力，以迎合消费者的喜好，比如盲盒活动和一键试鞋等高科技活动，不断刷新年轻人的消费体验，对粉丝也是认真负责。所以，安踏能够迅速追赶潮流，成为年轻人心中喜爱的运动品牌，是通过多重努力实现的。

再次，安踏的产品设计也是品牌的一大亮点，追求时尚是当代年轻人的一个特点，但运动品牌却不能仅仅注重时尚，消费者往往更注重产品的性能，一双不合适的鞋不管有多漂亮都是无济于事的。安踏作为一家专门生产专业运动品牌的企业，一直坚持用科技为产品赋能。为了提高球鞋的稳定性和包裹力，安踏根据球员的需求推出了3D Flow科技系统，这个系统主要包括三大模块，一是稳定支撑模块，二是抗扭传导模块，三是吸震反弹模块，这些模块相互作用，能够使球员在多种紧急情况下获得足够的支撑，保护脚踝，满足运动员对多种功能的需求。安踏推出的高山流水主题将中国山水之美与科技完美地结合在一起，深受消费者的喜爱。2020年7月安踏发布了一款以国旗为设计元素的运动服装，为2022年冬奥会添上了闪亮的一笔光辉，国旗款采用的材料都是顶尖的，不管是透气性还是耐用性都比其他款的要好，借助这次服装发布会，安踏把两个新的核心科技用上了，一个是超临界氮气回弹材料，另一个是智能吸震材料，使服装更加专业化。这次的设计理念不仅是想让大家把国旗这份荣耀穿在身上，以代表中国运动健儿的强劲势头，还想借此机会让运动科技能够更加接近大众，让普通人也可以享受到科技体验，提升安踏的品牌定位。

最后，安踏能够成为顶尖运动品牌离不开它的专业，安踏为了提升自己的专业度，成立了专门的品类事业部，为了设计出一双适合中国人脚型的运动鞋，从2005年开始，安踏就在国家认定的情况下，建立了企业技术中心，在不断收集成千上万份中国人脚型数据的情况下，创新自己的产品。社会在发展，科技也在不断进步，为了保持长久的创新力，安踏的运动科学实验室里招募了数百名专家，一半以上都是硕士和博士学历，可见其专业度有多高。国旗款从开始得到消息到发布只有不到九个月的时间，安踏迅速成立研发国旗款产品的事业部，按时完成了任务，要知道按照一般情况，从企业开始计划到产品设计，再到产品上市需要耗费将近十五个月的时间，安踏这次的速度让人惊叹，专业团队的努力背后是安踏集团专业的供应链在支撑。安踏的专业不仅体现在产品设计层面和品类层面，更体现在满足消费者的需求上，以消费者为导向是安踏这么多年来一直坚持的核心战略之一，产品会根据消费者的需求不断创新升级。在营销方式上也会顺应时代发展而变化，新零售和电商模式的兴起使安踏与消费者之间的距离慢慢拉近，消费者能够通过各种渠道买到货真价实的安踏产品，直面消费者需求就要了解消费者的需求，并且努力满足消费者的需求。随着消费者的消费习惯变化做出积极的变革，提升专业能力，是应对不确定性环境，实现高质量增长的关键。

  安踏经过30年的发展成为中国知名品牌，走向世界，面向全球，代表了中国品牌的崛起之路。它实际上是成千上万个中国品牌的缩影，从默默无名到享誉世界，和国际名牌并肩甚至超越它们是所有中国品牌一直以来的目标，也是他们一直在努力做的事情。在2008年北京奥运会上，中国代表团是穿着阿迪达斯入场的，之后安踏就与中国奥委会开展了长期合作，成为伴随中国运动健儿逐渐成长的运动服。2020年安踏国旗款的发布是中国品牌崛起的骄傲，它代表的是国货崛起，代表了中国年轻人对安踏的认可，国货并非一定要有中国元素的堆砌，也不一定要引领潮流，最重要的是要有专业的产品，建立起品牌自信，增加消费者对产品的信任度。新冠肺炎疫情暴发后，各行各业都面临着不同的挑战，安踏也在不断调整自己的产业布局。从之前的批发到零售，再到如今的直面消费者，一次次的转型升级都是安踏的挑战与机遇。未来的竞争会更加激烈，安踏也将站上更高更广阔的舞台，只有在保持现有企业规模的情况下，沉着冷静地分析局势，灵活运用各种手段和思路，调整自己的产业布局，才能使安踏品牌保持长久的生命力。不仅要将竞争对手远远甩在后面，也要不断超越自己，为其他品牌做一个榜样，未来会有更多的中国品牌像安踏一样，走向世界的舞台，为国家争光。

本章小结

长期价值是指确立长远而伟大的目标，不以短浅的目光或投机心理看待事物，并且不被外界所影响，一心一意地为之奋斗，即使要花很长的时间，也始终保持耐心和良好的心态，做好心中认定的大事业。在这样一个变动的时代，企业家要看清方向，以长期价值主义和顶层设计思维促进企业的发展。当然，长期价值不单体现在企业的发展目标上，也体现在企业的战略定位和耐心上，这些可以从企业为建立和谐共生的生态体系，而花费大量的时间和成本中表现出来。长期价值的最终表现形态是产品，只有坚持技术创新，敢于做出变革，企业才能获得长久的生命力。

参考文献

[1] Alex. 人工智能并非营销"奢侈品"[J]. 声屏世界·广告人，2019（8）：76-77.

[2] 陈发鸿，张发盛. 网络技术创新与网络营销策略研究[J]. 福建广播电视大学学报，2011（2）：39-44+57.

[3] 陈皓怡. 基于北京故宫博物院的文创产品设计与用户体验营销研究[D]. 深圳：深圳大学，2019.

[4] 陈裕贤. vivo手机的社会化媒体营销传播研究[D]. 长沙：湖南师范大学，2019.

[5] 陈戈. 直播电商是网红经济新亮点[J]. 中国信息界，2020（5）：34-37.

[6] 陈海权，张镒，郭文茜. 直播平台中网红特质对粉丝购买意愿的影响[J]. 中国流通经济，2020，34（10）：28-37.

[7] 陈明明，张文铖. 数字经济对经济增长的作用机制研究[J]. 社会科学. 2021（1）：44-53.

[8] 陈天伊. 移动支付在我国普惠金融实践中的应用研究[J]. 时代金融，2019（24）：11-13.

[9] 陈新宇. "中台"成为构架企业数字营销的主要模式[J]. 中外管理，2019（12）：132-133.

[10] 程茜. 产业链视角下的网红传播动因研究[J]. 视听，2021（1）：114-115.

[11] 丁倩. 直播带货与网红营销策略研究[J]. 城市党报研究, 2020（11）：44-46.

[12] 丁兴良. 品牌重塑的价值——百年品牌永葆青春[J]. 中国品牌与防伪, 2013.

[13] 丁一, 郭伏, 胡名彩, 等. 用户体验国内外研究综述[J]. 工业工程与管理, 2014, 19（4）：92-97.

[14] 鄂晓桐. 后疫情时代电商直播的革新之道[J]. 新闻研究导刊, 2020, 11（20）：99-101.

[15] 冯帆. 社群经济背景下的品牌价值提升策略研究[D]. 长沙：湖南师范大学, 2017.

[16] 冯燕芳. 基于消费体验需求的"互联网+场景营销"及其营销效率提升[J]. 企业经济. 2017, 36（11）：107-112.

[17] 高艺嘉. 基于强弱关系的品牌社群价值对品牌忠诚度影响的实证研究[D]. 郑州：郑州大学, 2017.

[18] 戈晶晶. 数字时代下的网红经济[J]. 中国信息界, 2020（5）：20-21.

[19] 戈晶晶. 网红经济"红"了[J]. 中国信息界, 2020（5）：22-25.

[20] 宫斐, 张润强. 移动营销瓶颈及创新路径分析[J]. 企业科技与发展, 2019（9）：67-68.

[21] 郭彬彬. 新零售社群营销发展模式：现状、问题及未来发展建议[J]. 商业经济研究, 2020（20）：63-66.

[22] 郭德强. 用长期主义观点来看待品牌价值[J]. 经营者（汽车商业评

论），2020（7）：156-160.

[23] 韩雅娟. 汽车企业数字营销发展趋势[J]. 互联网周刊，2020（23）：32-34.

[24] 韩涛. 宜家中国电子商务营销战略与策略研究[D]. 济南：山东大学，2019.

[25] 和健. 零售商多渠道驱动力、跨渠道整合与双元能力[J]. 商业经济研究. 2020（3）：79-82.

[26] 胡左浩，孙倩敏. 良品铺子：数字化助力渠道变革[J]. 清华管理评论，2020（9）：18-25.

[27] 胡飞，姜明宇. 暂时性用户体验的设计与评价[J]. 创意与设计，2019（4）：5-15.

[28] 胡飞，冯梓昱，刘典财，等. 用户体验设计再研究：从概念到方法[J]. 包装工程，2020，41（16）：51-63.

[29] 胡兆红. "诗和远方"随心起舞奔腾向前[N]. 长沙晚报，2020-12-31.

[30] 胡明珠. 互联网时代下的网红"直播带货"模式探析[J]. 视听，2020（12）：156-157.

[31] 黄华鸣. 网红直播对消费者购买决策的影响分析[J]. 内蒙古科技与经济，2020（22）：70+72.

[32] 黄飞鹏，张凯. 浅析老品牌的现状和复兴策略[J]. 时代经贸，2020（16）：46-48.

[33] 黄以卫. 企业采纳移动营销影响因素及实证研究[D]. 北京：北京邮

电大学，2017.

[34] 加瑞特. 用户体验的要素：以用户为中心的Web设计[M]. 范晓燕，译. 北京：机械工业出版社，2007.

[35] 姜天骄. 让网红带货走出灰色地带[N]. 经济日报，2020-11-28.

[36] 蒋瑜洁. 电商冲击下实体零售企业复兴的竞争战略机制——基于名创优品的个案研究[J]. 经济与管理，2018，32（3）：72-78.

[37] 鞠凌云. 社群营销[M]. 电子工业出版社，2016.

[38] 赖红波. 数字技术赋能与"新零售"的创新机理——以阿里犀牛和拼多多为例[J]. 中国流通经济，2020，34（12）：11-19.

[39] 雷军. 雷军：小米学到了这四家公司的精髓[J]. 经理人，2015（2）：71-77+70+16.

[40] 雷军. 小米的创业思路[J]. 留学生，2015（25）：21-24.

[41] 雷军. 我做小米 向这三家公司学习[J]. 中国商人，2018（5）：90-93.

[42] 雷军. 雷军演讲实录：向高手学习怎样成为高手[J]. 现代营销（创富信息版），2018（6）：28-31.

[43] 雷军. 我为什么反复研究这4家企业？[J]. 中国连锁，2017（3）：82-84.

[44] 李慧，董城，张景华，等. 携手共进 合作共赢[N]. 光明日报，2020-09-06.

[45] 李慧. 从兴趣聚集到商业变现——美妆短视频网络社群运营研究[D]. 武汉：华中师范大学，2020.

[46] 李素铎. 用户角色persona的数字化表征方法[J]. 数字技术与应用，2012（12）：199-200.

[47] 李芸. 移动视频通话的用户研究与交互设计[D]. 长沙：湖南大学，2012.

[48] 李琦. 互联网时代下技术在数字营销中的作用探析[J]. 卫星电视与宽带多媒体，2020（5）：115-116.

[49] 李世化. 社群营销引爆粉丝经济[M]. 北京：中国商业出版社，2016.

[50] 李诗娴，牟丹. 贝壳找房二手房屋出售模块的用户体验分析及优化[J]. 中国管理信息化，2020，23（21）：143-145.

[51] 李清沛. 新时期的网红经济可持续发展研究[J]. 商业经济，2020（7）：67-68+166.

[52] 李晓夏，赵秀凤. 直播助农：乡村振兴和网络扶贫融合发展的农村电商新模式[J]. 商业经济研究，2020（19）：131-134.

[53] 李巧玲. 中国网红在海外的传播学分析——以李子柒为例[J]. 采写编，2020（6）：32-34.

[54] 廖希昂. 数字时代传统品牌认知和传播效果研究——以百雀羚为例[J]. 新媒体研究，2020，6（19）：49-51.

[55] 林炜. 智慧门店新零售的实证案例分析——以良品铺子为例[J]. 中国市场，2020（32）：132-133.

[56] 刘运国，徐瑞，张小才. 社交电商商业模式对企业绩效的影响研究——基于拼多多的案例[J]. 财会通讯，2021（2）：3-11.

[57] 刘雪婷，杨燕.瑞幸的"奇迹"和未来[J].21世纪商业评论，2020（Z1）：16-20.

[58] 刘静雯，李向洋，杨海娟.新零售模式下盒马鲜生电商运营策略研究[J].商展经济，2020（14）：18-20.

[59] 刘杰.新冠疫情影响下我国实体零售的数字化转型及协同发展[J].商业经济研究，2021（2）：25-28.

[60] 刘致雅.线下数字营销缺的只是转化率吗？[J].创业邦，2020（9）：88-90.

[61] 刘晗.基于扎根理论的企业社会化媒体营销策略研究[D].济南：山东大学，2016.

[62] 刘帅.让"网红经济"红得更久[J].人民论坛，2020（9）：50-51.

[63] 刘丽鸣.蔚来汽车：并非颠覆 互联网造车将重塑汽车产业[J].汽车纵横，2016（8）：30-35.

[64] 刘胜枝，李俞晨.网红之路漫漫——互联网内容创作者群体研究[J].中国青年研究，2020（11）：11-19.

[65] 卢金海.哔哩哔哩破圈策略[J].合作经济与科技，2021（2）：67-69.

[66] 卢彦，纳兰.社群+：互联网+企业行动路线图[M].北京：机械工业出版社，2016.

[67] 马文彦.数字营销2.0[M].北京：民主与建设出版社，2017.

[68] 马文良.点燃梦想——小米公司十年创业之路[J].中关村，2020（4）：20-27.

[69] 马小平. 数字营销：企业腾飞的发动机[J]. 电子商务，2003（1）：69-71.

[70] 马妍. 我国零售业创新发展的思变、实践与策略[J]. 商业经济研究，2020（8）：31-34.

[71] 梅瑜，张水旺，陈荣. 浅析新零售供应链中网络平台的改革与创新[J]. 时代经贸，2020（30）：60-61.

[72] 娜日高娃. 5G时代数字内容的市场营销策略[J]. 现代商业，2020（5）：14-15.

[73] 潘嘉诣. 网红经济现状分析及建议[J]. 合作经济与科技，2020（16）：28-29.

[74] 潘静静，丁敳，孙君，等. 基于"互联网+"背景下盒马鲜生营销策略分析[J]. 商业经济，2020（10）：66-69.

[75] 齐志明. 促进"网红带货"持续健康发展[N]. 人民日报，2020-04-17.

[76] 邱继凯. M集团移动电子商务平台体验优化研究[D]. 上海：东华大学，2016.

[77] 秋叶，秦阳，陈慧敏. 社群营销方法、技巧与实践[M]. 北京：机械工业出版社，2017.

[78] 搜狐公司. 搜狐：移动营销 整合智胜[J]. 声屏世界·广告人，2017（12）：113.

[79] 苏鸣立. 网红经济概念掀涨停潮 直播带货能走多远[J]. 计算机与网络，2020，46（3）：8-9.

[80] 苏小北. 一个时代的落幕，是另一个时代的开启[J]. 互联网周刊，2020（2）：20-22.

[81] 孙华. 大数据时代图书电子商务营销模式研究——以京东图书平台为例[J]. 出版广角，2020（16）：56-58.

[82] 孙佳敏. 粉丝经济下淘宝直播间的互动行为及心理探究[J]. 视听，2020（11）：148-149.

[83] 孙迅. 数字营销下的品牌机遇[J]. 中国化妆品，2019（9）：54-59.

[84] 单佳琦，龚家辉，叶鑫鹏. 网红经济营销平台创新研究——以如涵控股为例[J]. 中国经贸导刊（中），2020（9）：139-140.

[85] 单鹏. C2C网络购物平台的用户体验设计研究[J]. 艺术与设计（理论），2010，2（6）：222-224.

[86] 邵宏华. 贸易数字化：赋能与转型[J]. 进出口经理人，2020（11）：26-27.

[87] 申建栋. 基于社会化媒体的电子商务营销模式构建研究[D]. 武汉：湖北工业大学，2015.

[88] 沈凤池. 产业细分背景下的电子商务专业群构建研究[J]. 电子商务，2013（12）：63-64+69.

[89] 沈滔，毛春梅. 数字营销产业的动力机制构建——基于受众、内容与智媒选择视角[J]. 哈尔滨师范大学社会科学学报，2019，10（6）：100-105.

[90] 师天浩. 直播电商虽问题频发，但"云摆摊"的生命力却很长久[J]. 大数据时代，2020（8）：58-65.

[91] 史青玲，邵峰. 传播学视域下李子柒"网红"现象解析——兼及对

中国文化海外传播的启示[J]. 德州学院学报，2020，36（5）：30-33.

[92] 唐紫雨. 新零售对消费者体验提升的影响及对策研究[J]. 河北企业，2020（12）：116-117.

[93] 汪旭晖. 新时代的"新零售"：数字经济浪潮下的电商转型升级趋势[J]. 北京工商大学学报（社会科学版），2020，35（5）：38-45.

[94] 王彦. 基于目标导向的视频App交互设计研究[D]. 秦皇岛：燕山大学，2015.

[95] 王战，冯帆. 社群经济背景下的品牌传播与营销策略研究[J]. 湖南师范大学社会科学学报，2017，46（1）：141-148.

[96] 王丹. 网红小镇聚人气兴产业[J]. 共产党员，2020（22）：40-41.

[97] 王奕媛. 新媒体视角下的新式茶饮营销策略分析——以喜茶为例[J]. 商讯，2021（2）：15-16.

[98] 王霁阳，王欣. 网红经济下的直播行业发展研究[J]. 北方经贸，2020（4）：49-51.

[99] 王强，王超，刘玉奇. 数字化能力和价值创造能力视角下零售数字化转型机制——新零售的多案例研究[J]. 研究与发展管理，2020，32（6）：50-65.

[100] 王荣花. 基于新零售模式的物流行业发展策略分析[J]. 现代营销（下旬刊），2021（1）：88-90.

[101] 卫梦瑶. 数据价值再认知："数据中台"是伪命题吗？——一个基于营销传播视角下的讨论[J]. 现代广告，2020（20）：36-41+64.

[102] 魏晓玉. 网红经济背景下耐克公司的营销策略研究——以AIR JORDAN系列为例[J]. 天津商务职业学院学报, 2020, 8 (2): 49-52+59.

[103] 肖明超. 数字化时代营销的困境与思辨[J]. 现代广告, 2020 (18): 50-51.

[104] 小松鼠. 三只松鼠：店长如何利用个人IP玩转社群运营, 突围反击？[J]. 销售与市场（管理版）, 2020 (5): 39-40.

[105] 辛向阳：从用户体验到体验设计[J]. 包装工程, 2019, 40 (8): 60-67.

[106] 徐慧丽, 杨冰冰. 浅论移动互联网背景下的社群营销[J]. 市场周刊. 2020, 3 (9): 79-81.

[107] 徐蔚冰. 张近东：中国零售企业应服务全球消费市场[N]. 中国经济时报, 2020-09-11.

[108] 徐芬, 陈红华. 基于消费者需求的生鲜电商新零售模式研究——以"盒马鲜生"为例[J]. 湖南社会科学, 2020 (5): 64-72.

[109] 徐欣. 疫情背景下新零售行业的发展[J]. 今日财富（中国知识产权）, 2021 (1): 13-14.

[110] 闫岩. 苏宁成立快消集团[N]. 北京商报, 2019-02-15.

[111] 杨波. 品牌重塑的成功之道[J]. 市场研究, 2010 (11): 50-54.

[112] 杨凡, 李倩雯, 蒋博. 自媒体经济对社群运营的影响与对策分析[J]. 营销界, 2019 (46): 168+170.

[113] 杨俊峰. 中国成为网红经济发动机[N]. 人民日报海外版, 2020-

01-14.

[114] 杨蕊，陈雨航，王颖. 网红直播带货的价值变现路径分析——以李佳琦为例[J]. 新媒体研究，2020，6（5）：56-57.

[115] 杨洋，裴学亮，胡聪. 社群生态——引领移动互联时代的商业法则[M]. 北京：科学出版社，2017.

[116] 杨莹. 探析李子柒视频的变现模式[J]. 传媒论坛，2021，4（1）：171-172.

[117] 佚名. 海底捞董事长张勇：我们的核心竞争力从来都不是服务[J]. 现代营销（经营版），2017（12）：42-43.

[118] 佚名. 战"疫"凸显电商优势 苏宁易购"组合拳"激活市场[N]. 北京商报，2020-09-10.

[119] 佚名. 玩法多热度高网红经济释放强大活力[N]. 中国商报，2020-01-15.

[120] 佚名. 营销就是做加法 要提升用户对品牌的好感度[N]. 汽车商报，2020-09-21（A03）.

[121] 尤尔根·梅菲特，沙莎. 从1到N：企业数字化生存指南[M]. 上海：上海交通大学出版社，2018.

[122] 于希敏. 基于三屏的信息结构和交互设计[D]. 北京：北京邮电大学. 2011.

[123] 岳小玲. 电商直播"带货"的内容生产和优化路径[J]. 出版广角，2020（19）：64-66.

[124] 曾帆扬. 基于用户体验的淘宝网评价指标研究[D]. 广州：华南理工

大学，2011．

[125] 张丁月，李晓林．智慧营销引领数字营销发展创新的策略探究[J]．营销界，2020（46）：176-177．

[126] 张峰，刘璐璐．数字经济时代对数字化消费的辩证思考[J]．经济纵横，2020（2）：45-54．

[127] 张希圣．《罗辑思维》的成功逻辑[J]．青年记者，2015（12）：42-43．

[128] 张晓艺．网络安全在数字营销中的重要性[J]．计算机与网络，2020，46（17）：49．

[129] 张静，王敬丹．新媒体时代下的短视频营销传播——以抖音为例[J]．杭州师范大学学报（社会科学版），2020，42（4）：113-120．

[130] 张倩，何瑞．网红经济：借势"情感"变现[J]．现代商业银行，2019（24）：49-51．

[131] 张晓芹．面向新零售的即时物流：内涵、模式与发展路径[J]．当代经济管理，2019，41（08）：21-26．

[132] 张勋，万广华，张佳佳，等．数字经济、普惠金融与包容性增长[J]．经济研究，2019，54（8）：71-86．

[133] 张颐武．丁真之"真"[J]．北京观察，2020（12）：44．

[134] 朝夕．2020年度数字化转型推动企业100强[J]．互联网周刊，2021（1）：52-54．

[135] 赵青青．新零售时代下的商业模式——以小米之家为例[J]．市场周刊，2018（8）：79-80．

[136] 赵爽．“网红”操盘手[J]．中国服饰，2020（6）：44-45．

[137] 赵煜. 基于社交应用平台的售卖型网红带货营销模式探讨——以微博为例[J]. 时代金融, 2020（5）: 138-139.

[138] 郑健. 从直播电商看电子商务的发展[J]. 电子商务, 2020（11）: 50-51.

[139] 中国商界编辑部. 重塑国货品牌, 这是最好的时代[J]. 中国商界, 2021（1）: 4.

[140] 朱坤福. 短视频营销现状分析及策略研究[J]. 老字号品牌营销, 2020（12）: 13-14.

[141] 朱泓璋. 疫情之下, AI商业化的解决之道[J]. 未来与发展, 2020, 44（7）: 30-34.

[142] 朱玉童. 现在, 品牌重塑正当时[J]. 销售与市场（管理版）, 2020（8）: 16-21.

[143] Alev Kocak Alan, Ebru Tumer Kabadayi, Cengiz Yilmaz. Cognitive and affective constituents of the consumption experience in retail service settings: effects on store loyalty[J]. Service Business, 2016, 10（4）: 715-735.

[144] Lehmann, Oded Netzer, Olivier Toubia. The future of quantitative marketing: results of a survey[J]. Customer Needs and Solutions, 2015, 2（1）: 5-18.

[145] Kai Huotari, Juho Hamari. A definition for gamification: anchoring gamification in the service marketing literature[J]. Electronic Markets, 2017, 27（1）: 21-31.

[146] Richard Rogers. Deplatforming: Following extreme internet celebrities

to telegram and alternative social media[J]. European Journal of Communication, 2020, 35（3）.

[147] Ruibin Geng, Shichao Wang, Xi Chen, et al. Content marketing in e-commerce platforms in the internet celebrity economy[J]. Industrial Management & Data Systems, 2020, 120（3）.